GÜTERSLOHER
VERLAGSHAUS

MODULE
DER
THEOLOGIE

Band 3

Klaus Fitschen

Kirchengeschichte

Gütersloher Verlagshaus

Bibliografische Information der Deutschen Nationalbibliothek

Die Deutsche Nationalbibliothek verzeichnet diese Publikation in der Deutschen Nationalbibliografie; detaillierte bibliografische Daten sind im Internet über http://dnb.d-nb.de abrufbar.

FSC Mix
Produktgruppe aus vorbildlich bewirtschafteten Wäldern, kontrollierten Herkünften und Recyclingholz oder -fasern
www.fsc.org Zert.-Nr. SGS-COC-004278
© 1996 Forest Stewardship Council

Verlagsgruppe Random House FSC-DEU-0100
Das für dieses Buch verwendete FSC-zertifizierte Papier *Munken Premium* liefert Artic Paper Munkedals AB, Schweden.

Umschlaggestaltung: Init GmbH, Bielefeld
Druck und Bindung: Těšinská Tiskárna, a.S., Český Těšin
Printed in Czech Republic
ISBN: 978-3-579-08083-3

www.gtvh.de

Inhalt

Vorwort

Wer keinen Gefallen findet am Studium der Geschichte, ist eine grobe Sau („Ist einer eine grobe Sau qui non delectatur cognitione historiarum"), sagte Philipp Melanchthon, jener Humanist und Freund Martin Luthers, der sich in der Reformation als einer der Ersten mit Kirchengeschichte befasste. Durch die Kenntnis der Geschichte – und nicht nur der Kirchengeschichte im engeren Sinne – wird man demnach umfassend belehrt. Den mit der Verweigerung solcher Belehrung verbundenen Verweis Melanchthons macht sich der Autor dieses Buches gern zu eigen.

Für die Reformation war die Kenntnis der Geschichte wichtig, um den eigenen Standort zu klären, die Behauptungen der Gegenseite historisch zu widerlegen und an die nach eigenem Verständnis wahren Traditionen anzuknüpfen. Die „altgläubige" und dann bald katholisch zu nennende Gegenseite sah das für ihre Position nicht anders. Kirchengeschichte, das lässt sich daraus lernen, ist ein Beitrag zur theologischen Identitätsfindung, mag sie je nach christlicher Konfession anders ausfallen. Sie ist damit längst nicht mehr konfessioneller Strittigkeit unterworfen, sondern Teil eines alle theologischen Disziplinen umfassenden Selbstverständigungsprozesses, der je nach Konfession zu unterschiedlichen Nuancierungen führt. Protestanten brauchen keinen Papst, aber es wäre Ausfluss oben verworfener Grobheit, nichts von den Päpsten wissen zu wollen.

Christliche Konfessionen, das Christentum und Religionen überhaupt sind nicht zeit- und ortlos, sondern ihre aktuelle Gestalt ist das Ergebnis historischer Entwicklungen. Dieses Faktum gehört seit dem 19. Jahrhundert zum Selbstverständnis vor allem der evangelischen Theologie, und es erleichtert die Teilhabe an heutigen Debatten um Pluralismus und Toleranz ungemein. Anders als mancher anderen Religion ist der Sachverhalt der eigenen historischen Werdung der christlichen Religion und Theologie also bewusst, und er wird selbstkritisch reflektiert. Die Theologie als wissenschaftliche Selbstreflexion und Darstellung des Christentums ist darum ohne die Disziplin Kirchengeschichte unvollständig. Wer Kirchengeschichte nicht ebenso eifrig studiert wie Exegese, Systematische oder Praktische Theologie, steht hilflos vor der Frage, warum das Christentum und die Kirche als seine soziale Gestalt heute so und nicht anders aussehen. Die fraglos zutreffende Behauptung, Christentum und Kirche hätten mit der Bibel zu tun, ist unvollständig und waghalsig, wenn man den Raum der Geschichte seit der Werdung der Bibel nicht füllen kann.

Die Stimmungslage unter Studierenden scheint eine andere zu sein: Braucht man das? Muss man das auch noch wissen? Und reicht es nicht aus, Theologiegeschichte in einem engen Sinne zu studieren und die weltlichen Rahmenbedingungen mitsamt all den Kaisern und Königen, Revolutionen und Parlamenten wegzulassen? Andererseits bekunden viele Studierende Interesse an geschichtlichen Zusammenhängen und verbuchen manchen „Aha-Effekt". Der schulische Geschichtsunterricht ist, so scheint es, keine verlässliche Grundlage, auf den die Kirchengeschichte aufbauen könnte. Die Kirchengeschichte hat sich aber ohnehin nie als bloße Nabelschau verstanden, sondern das Christentum in Wechselwirkung mit Kultur, Gesellschaft und Politik seiner jeweiligen Zeit und seines jeweiligen Ortes beschrieben. Die Geschichte des Christentums ist nicht zu verstehen ohne die Geschichte seiner Existenz in je nach Ort und Zeit unterschiedlichen Kulturen. Wer sehenden Auges durch die Welt geht, nicht nur Kirchen, sondern auch Museen besucht, wer der europäischen und mancher außereuropäischen Kultur nachspürt, wer sich für aktuelle Debatten um Religion und Kirche interessiert, muss wissen und erklären, was das Christentum ist und also, wie es wurde. Ziel ist nicht auf die vergangenen großen Zeiten zu pochen, sondern Ziel ist kulturelles Verstehen und die Erlangung von Deutungskompetenz.

Auffällig ist die Zurückhaltung vieler Studierender gegenüber der Kirchlichen Zeitgeschichte, also der Kirchengeschichte nach 1918, 1933 oder 1945. Diese Zeit ist für viele genauso weit weg wie die Zeit Karls des Großen oder die der antiken Kirchenväter. Dabei prägt diese neueste Epoche das Denken und Handeln vieler Zeitgenossen und bestimmt vor allem den Standort von Religion und Kirche in Staat und Gesellschaft. Außerdem ist diese Zeit immer wieder strittig: Welche Rolle spielten die

Kirchen in der nationalsozialistischen und in der sozialistischen Diktatur? Die Deutungshoheit darüber anderen zu überlassen, hat unmittelbare Folgen für die aktuelle Wahrnehmung von Kirche und Religion – ohne dass die Kirchengeschichte die sinnlose Aufgabe übernehmen würde, Schuld und Versagen zu verschweigen.

Ohne das Studium der Kirchengeschichte können Theologinnen und Theologen ihren Standort folglich nicht bestimmen. In einer auch religiös immer pluraleren und immer säkulareren Gesellschaft ist dies aber unabdingbar notwendig. Die Alternative dazu ist eine weltfremde theologische Gemütlichkeit, die in den aktuellen Debatten stumm bleibt. Strittige Themen – beispielhaft seien nur der Religionsunterricht und die Frage des Verhältnisses von Staat und Kirche überhaupt benannt – lassen sich aus christlicher Sicht solide nur unter Kenntnis der Kirchengeschichte ansprechen. Kirchengeschichte ist nicht rückwärtsgewandt, sondern ein entscheidender Beitrag zur Zukunftsfähigkeit von Religion und Kirche in der Moderne.

Dieses Buch ist das Zwischenergebnis eigener Erfahrungen in der akademischen Lehre, gerade vor dem Hintergrund der Modularisierung des Studiums. Eine der Fragen, die sich beim Schreiben stellte, war die, was eigentlich die „eiserne Ration" angehender Theologen auf Berufsfeldern in Schule, Kirche und andernorts sein müsste. Im Studium bleibt wenig „hängen", und manches scheint nach Absolvierung der Modulprüfung schon wieder vergessen. Dieses Buch soll darum ein Beitrag zur Nachhaltigkeit des Wissenserwerbs sein. Auch wenn dabei nicht das Auswendiglernen von Namen und Zahlen das primäre Ziel ist, sondern das Verstehen, bleibt doch die Gewinnung von Sachkenntnis ein wesentliches Anliegen. Tröstlich mag sein, dass in der Kirchengeschichte vieles nicht umstritten und diskutabel ist, sondern lebenslang gilt, mögen auch immer wieder neue Sichtweisen hinzukommen.

Beim Schreiben galt es einen Kompromiss zu finden zwischen Verständlichkeit und Präsentation des Materials. An dieser Stelle danke ich meiner studentischen Hilfskraft, Frau Larissa Jäger, für ihre kritische Begleitung bei der Entstehung und Redaktion des Textes, die weit mehr umfasste als bloßes Korrekturlesen.

Juni 2009 *Klaus Fitschen*

1. Die Methodik und der Gegenstand der Kirchengeschichtsschreibung

Vorbemerkung

Nur auf den ersten Blick versteht es sich von selbst, was die Kirchengeschichte tut. Ereignisse scheint sie zu sammeln und zu ordnen und diejenigen, die sie studieren, mit dem unlösbaren Problem zu konfrontieren, was nun das Wichtige und das Unwichtige darunter sei. Dieses Buch ist nur ein Versuch unter vielen, dieses Problem zu lösen. Es wird Ereignisse, die der Autor für wichtig hält, darstellen und in Zusammenhänge bringen, die seiner Perspektive entsprechen. Dass Kirchengeschichte das ist, was man daraus macht, ist die skeptische Folgerung daraus. Andererseits wird es in der Kirchengeschichte erst da spannend, wo Ereignisse herausgearbeitet, verknüpft und unter bestimmten Perspektiven gedeutet werden. Geschichte bleibt darum strittig, und dies gilt nicht nur für zeitnahe Ereignisse, sondern auch für die Deutung längst vergangener Ereigniskomplexe wie Kreuzzüge und selbst die Reformation.

Notwendige Reflexionen

Umso wichtiger ist es, sich beim Lehren und beim Lernen der Kirchengeschichte Rechenschaft über die eigene Perspektive abzulegen und ein Höchstmaß an methodischer und arbeitstechnischer Sorgfalt zu wahren. Deshalb sind eingangs Reflexionen über den wissenschaftsorganisatorischen Standort der Disziplin, ihre Geschichte und ihre Methoden, ihren Gegenstand und die scheinbar selbstverständliche Epochengliederung ihrer Materie anzustellen.

1.1 Die Kirchengeschichte als historische und als theologische Disziplin

Verortung

Eine immer wieder gestellte Grundfrage ist, ob die Kirchengeschichte „nur“ eine historische, ja gar eine „profanhistorische“ Disziplin sei oder zugleich eine theologische. Die Antwort lautet:

Sie ist beides. Der Grund dafür liegt in ihrer eigenen Geschichte und in ihrer Methodik.

1. Das Verhältnis zur Allgemeinen Geschichte

keine Sondergeschichte

Die „Allgemeine Geschichte" ist jenes Bündel von Teildisziplinen, das nicht eigentlich Kirchengeschichte ist, und doch sind diese Teildisziplinen – zu ihnen gehören beispielsweise die Sozial-, Politik- und Rechtsgeschichte – eng mit der Kirchengeschichte verflochten. Die Allgemeine Geschichte ist also nicht, wie sie immer noch gerne genannt wird, „Profangeschichte", die sich demnach mit etwas Unheiligem befassen müsste, sondern sie ist Teil eines Geflechtes, zu dem auch die Kirchengeschichte gehört. Das Christentum war von Anfang an eine Religion hoher Inkulturations¬- und Weltveränderungskraft: Kirche und Staat, Religion und Gesellschaft, christliche und bürgerliche Existenz standen in einer engen Wechselwirkung zueinander. Themen und Fragestellungen der Kirchengeschichte und der Allgemeinen Geschichte überlagern sich darum immer wieder. Dies entspricht der bis in die Neuzeit hineinreichenden Tradition des Faches, das ursprünglich in die Philosophischen Fakultäten gehörte und somit eine Teildisziplin der Geschichtswissenschaft war.

2. Die Geschichte der Disziplin Kirchengeschichte

Eusebius

Das Christentum hat durch das Alte Testament von Anfang an einen Impuls für eine historisch bestimmte Selbstwahrnehmung bekommen, ist doch das Alte Testament über weite Strecken ein geschichtstheologisches Werk. Innerhalb des Neuen Testaments ist die Apostelgeschichte das wesentliche Zeugnis für ein Interesse an der eigenen Geschichte, die man zur Identitätsfindung heranzog. Im Laufe des 2. und 3. Jahrhunderts bemühte man sich darum, die christliche Tradition zu sichern, sei es durch Bischofslisten oder historische Aufzeichnungen. Diese gingen dann zum Teil in den eigentlichen Grundstein der Kirchengeschichtsschreibung ein: Eusebius von Caesarea (um 265–339) begann am Ende des 3. Jahrhunderts seine „Kirchengeschichte" und schrieb sie fort, als sich mit der Konstantinischen Wende (siehe 2.3.2) die Rahmenbedingungen für das Christentum änderten: Nun wurde das Christentum nicht mehr verfolgt, sondern mit den traditionellen Religionen gleichberechtigt. Eusebius' Werk war das Vorbild und der Anknüpfungspunkt für andere. Dies galt auch für die von ihm verfasste Weltchronik, die die Kirchengeschichte eingebettet sah in einen größeren historischen Zusammenhang.

konfessionelle Selbstvergewisserung

Die mittelalterliche Kirchengeschichtsschreibung im lateinischen Westen, im byzantinischen Osten und im Orient entwickelte eine große Vielfalt von Geschichtsdarstellungen, die von nüchtern-annalistischen bis zu theologisch-heilsgeschichtlichen Modellen reichte. Einen Neuansatz erforderte die Reformation, da die Identitätsfindung auf historischem Wege nun in konfessioneller Prägung erfolgte. Katholiken und Protestanten suchten nach einer Begründung der eigenen Existenz in der Geschichte. Hierbei spielten theologische und kirchenorganisatorische Fragen eine Rolle – das Alter des Papsttums war eine davon. Mit dem 18. Jahrhundert begann die Geschichte der Kirchengeschichtsschreibung im modernen Sinne. Zunehmend wurde diese von konfessionalistischen wie überhaupt von theologischen Vorgaben entlastet. Quer zur konfessionellen Selbstvergewisserung stand Gottfried Arnold (1666–1714) mit seiner Unparteiischen Kirchen- und Ketzerhistorie: Nicht die großen Konfessionen waren die Repräsentanten des wahren Christentums, sondern die an den Rand gedrängten Abweichler, die er in den Pietisten seiner Zeit wiederfand.

Mosheim

In der Neuzeit verabschiedete man sich von heilsgeschichtlichen Modellen und wählte die „pragmatische" Methode, wie sie Johann Lorenz Mosheim (1693–1755) entwickelte: Nicht Gott und der Teufel ringen in der Kirchengeschichte miteinander, sondern Menschen mit konkurrierenden Überzeugungen. Damit stellte sich die Frage, ob Gott überhaupt Wirkung auf die Geschichte und ob diese wiederum ein Ziel habe. In den folgenden Jahrhunderten konnte die Antwort auf diese Frage ebenso euphorisch wie skeptisch ausfallen, je nachdem, welche Ereignisse betont wurden.

Harnack

Im 19. Jahrhundert partizipierte die Kirchengeschichte am „Historismus", also am Bewusstsein, alles sei historisch geworden und habe sich im Verlauf der Geschichte entwickelt. Das galt nun auch für die Geschichte der christlichen Lehren, die Dogmengeschichte, die damit in ein kritisches Licht geriet. Adolf von Harnack (1851–1930, siehe 5.3.3) verfasste eine umfängliche Darstellung, um das Gewordensein der christlichen „Dogmen" zu erweisen und dazu beizutragen, die ursprüngliche Botschaft Jesu wieder herauszuarbeiten. Auf katholischer Seite hatten es kritische Aufbrüche schwerer. Sie wurden von kirchlichen Vorgaben und dem Programm erstickt, die zeitlose Identität des Katholizismus mit seinen Ursprüngen zu erweisen. Erst im 20. Jahrhundert emanzipierte sich die katholische Kirchengeschichtsschreibung davon.

Theologie Seither bewährte sich die im 19. Jahrhundert abgeschlossene Integration der Kirchengeschichte in die Theologischen Fakultäten, da das Fach eben nicht nur eine historische, sondern auch eine theologische Spezialdisziplin ist, die intensiv an innertheologischen Diskursen partizipiert und diese mit eigenen Fragestellungen und Themen bereichert. Der Grund für die Eingliederung der Kirchengeschichte in die Theologischen Fakultäten war eben nicht ihre Methodik, sondern ihr Gegenstand: die Geschichte der Kirche, die zunehmend als Teilsegment der Gesellschaft wahrgenommen wurde, um dessen Geschichte sich die Theologie zu kümmern hatte. Diese Eingliederung war selbstverständlich möglich, da an den Theologischen Fakultäten immer Theologie- und Kirchengeschichte getrieben worden war und die innertheologischen Fächergrenzen bis weit ins 19. Jahrhundert und zum Teil noch bis ins 20. Jahrhundert hinein fließend waren. Exegeten, Dogmatiker und Praktische Theologen konnten auch Kirchenhistoriker sein, und für Friedrich Schleiermacher (1768–1834, siehe 5.3.3) gehörte die Kirchengeschichte selbstverständlich zur Enzyklopädie der Theologie dazu.

Patristik Am Ende des 19. Jahrhunderts waren große Teile der Theologie vom zeittypischen Interesse an geschichtlichen Fragen ergriffen, das sich in anderen theologischen Fächern als „Religionsgeschichtliche Schule" bemerkbar machte. Der enorme Erkenntniszuwachs auf historischem Gebiet trug zusätzlich zur

Profilierung der unterschiedlichen historischen Disziplinen bei, und die Kirchengeschichte, vor allem die „Patristik", also die Wissenschaft vom Antiken Christentum, hatte damit zu tun, durch historische und philologische Forschungen neue Quellen auszuwerten. Sie bewies damit eine hohe Anschlussfähigkeit über die Fakultätsgrenzen hinweg.

Barth

Strittig wurde diese Anschlussfähigkeit nach dem Ersten Weltkrieg. Die Dialektische Theologie eines Karl Barth (1886–1968, siehe 6.1.3) trug dazu bei. Barths Ansicht, die Kirchengeschichte sei eine „unentbehrliche Hilfswissenschaft", wurde häufig so gelesen, als stehe das „un" gar nicht da. Voll zur Wirkung kam die von Barth repräsentierte Stimmung im Kirchenkampf des Dritten Reiches: Nun wollten sich manche, der Bekennenden Kirche nahe stehenden Theologen unter dem Eindruck der nationalsozialistischen Kirchenpolitik auf das konzentrieren, was sie als das Ureigenste der Theologie ansahen, nämlich auf Bibel und Bekenntnis. Die Kirchengeschichte sollte hierbei tatsächlich die Funktion einer Hilfswissenschaft haben. Widerspruch blieb schon in den 1930er-Jahren nicht aus, doch fand sich die Kirchengeschichte nach 1945 in einer Diskussionslage wieder, in der sie auf ihre Bedeutung als theologische Disziplin hin befragt wurde, wobei es vor allem Systematische Theologen waren, die die Kirchengeschichte in eine Enzyklopädie der Theologie einordneten.

Perspektivenerweiterung

Ein Neuaufbruch, der eigentlich die Anknüpfung an Entwicklungen war, die nach 1918 infrage gestellt worden waren, fand nach dem Zweiten Weltkrieg statt. Dazu trugen internationale Vernetzungen bei, aber auch die Etablierung der Kirchlichen Zeitgeschichte, die zunehmend kritisch auf den „Kirchenkampf" blickte und sich interdisziplinär öffnete. In allen Epochen der Kirchengeschichte zeigte sich überdeutlich, dass eine Verengung der Perspektive wenig hilfreich war und die alte Tugend nicht die schlechteste war, nämlich die Geschichte der Kirche oder des Christentums mehrdimensional wahrzunehmen. Dazu aber war ein Dialog mit der Allgemeinen Geschichte unumgänglich. Ein wichtiges Beispiel dafür ist die Erforschung der „Konfessionalisierung" nach der Reformation: Was bisher

Reformation und Gegenreformation hieß, wurde nun wahrgenommen als komplexer Prozess der Ausbildung konfessioneller Identitäten in der Frühen Neuzeit, bei dem die Rechts-, Kunst-, Sozial- und Politikgeschichte eine ebenso große Rolle wie die Kirchengeschichte spielte.

3. Die Methodik der Kirchengeschichte

Methoden

Die Kirchengeschichte ist schon ihrer eigenen Geschichte nach sowohl eine historische wie auch eine theologische Disziplin. Sie steht immer vor der Aufgabe, sich auf beiden Feldern bewähren zu müssen. In methodischer Hinsicht ist sie darum den allgemeinen historischen Standards verpflichtet, und das ist auch nicht ungewöhnlich: Kirchengeschichte wurde seit Eusebius von Caesarea immer auf der Höhe der Zeit geschrieben. Erst mit der Verselbstständigung der Disziplin und der Zuordnung zur Theologie in der Neuzeit kam die Frage auf, ob sie denn als theologische Disziplin tauglich sei. Beantworten lässt sich diese Frage nur mit Blick auf den Gegenstand der Kirchengeschichte, nicht mit Blick auf ihre Methodik, die keine andere ist als die in der Allgemeinen Geschichtswissenschaft gebräuchliche. Die Analyse von Inschriften und Urkunden, der Umgang mit Quellen, sozial- und kulturgeschichtliche Fragestellungen gehören ebenso dazu wie der methodisch abgesicherte Umgang mit Zeitzeugen.

Kontrollfragen:

Kontrollfragen

1. Warum lassen sich Kirchengeschichte und Allgemeine Geschichte nicht trennen?
2. Nennen Sie mindestens drei Kirchenhistoriker und charakterisieren Sie deren Beitrag zur Methodik der Kirchengeschichte.

1.2 Der Gegenstand der Kirchengeschichte

Eusebius' Geschichtsbild

Für Eusebius von Caesarea wie für viele seiner Nachfolger war klar, was der Gegenstand einer Kirchengeschichte sein musste: die wahre Kirche nämlich, die von Ketzerei und Verfolgungen unbeirrt ihren Weg ging und schließlich gegen alle Widrigkeiten den Sieg davontrug. Daraus ergab sich für ihn auch eine erste Epochengliederung, die durch die Konstantinische Wende (siehe 2.3.2) hergestellt wurde: Kaiser Konstantin (272–337) war es, mit dem eine neue Zeit begann, in der die Kirchengeschichte zur Vollendung kommen würde.

1. Kirchengeschichte als Christentumsgeschichte

Kirche

Anders als Eusebius kann man sich heute nicht mehr sicher sein, dass der Gegenstand der Kirchengeschichte die Kirche sei. Die konfessionelle Entwicklung, die seit dem 19. Jahrhundert unter den Bedingungen moderner Religionsfreiheit noch komplexer geworden ist, und damit zusammenhängend das Interesse an den Verlierern, den Ketzern also, hat das Konzept des Eusebius und vieler seiner Nachfolger zweifelhaft werden lassen. Der Optimismus des späten 19. und frühen 20. Jahrhunderts, der Protestantismus werde seinen globalen, ökumenischen Siegeszug bald vollenden, ist dahin, die Eindeutigkeit konfessioneller Identitäten infrage gestellt und die Kirche als Institution reicht auch im Blick auf den Katholizismus unter den Bedingungen der Moderne als Bezugsrahmen für die Beschreibung christlicher Religiosität nicht mehr aus.

konfessionsübergreifende Ansätze

Spätestens seit der Aufklärung hat sich die Perspektive der Kirchengeschichtsschreibung auf einen weiteren Horizont von Konfessionen eingestellt. Die moderne Rede von einer Christentumsgeschichte oder gar einer christlichen Religionsgeschichte ist die Folge davon, und die katholisch-protestantische Ökumene hat das Ihre dazu beigetragen. Ambitionierte Projekte wie die von Bernd Moeller und Raymund Kottje nach dem II. Vatikanischen Konzil herausgegebene „Ökumenische Kirchengeschichte“ hatten zwar ihre Grenzen, waren aber als Versuch zu lesen, einander Rechenschaft über konfessionell verschiedene Sichtweisen zu geben. Ein anderer Strang ist die Erweiterung der Dogmengeschichte zu einer Theologiegeschichte in dem Sinne, dass auch Lehrentwicklungen zur Sprache kommen, die bisher Teil einer Ketzergeschichte waren. Somit ist die Darstellung einer Kirchengeschichte in einem weiten Horizont, einer Christentumsgeschichte eben, ein bleibendes Anliegen. Dafür stehen auch neuere Handbücher, unter denen neben der neu konzipierten Ökumenischen Kirchengeschichte auch die umfängliche und aus dem Französischen übersetzte Geschichte des Christentums zu nennen ist.

konfessionelle Profilierung

Unschwer lässt sich erkennen, dass Vorlesungen und Lehrveranstaltungen nach wie vor von konfessionellen Sichtweisen bestimmt sind, die den Gegenstand der Kirchengeschichte perspektivisch zuschneiden. In diesem Buch ist das nicht anders. Solches Vorgehen hat pragmatische Hintergründe und ließe sich auch als Arbeitsteilung verstehen: Die Geschichten der großen Konfessionen sind so komplex, dass sie aus bestimmten Perspektiven erzählt werden müssen. Protestantische Kirchenhistoriker werden der Geschichte des Papsttums im 19. Jahrhundert weniger Bedeutung beimessen als katholische, die wiederum der Entwicklung des protestantischen Landeskirchentums weniger Raum geben müssen. Dass man unterdessen viel voneinander gelernt hat, bezeugen gemeinsame Tagungen und Publikationen, an denen häufig Allgemeinhistoriker beteiligt sind. Manche Verkürzung ergibt sich nicht nur aus der Sache, sondern auch aus den Anforderungen akademischer Lehre, die die knappe Ressource Zeit nutzen muss.

Besonderheit des Gegenstandes

Der Gegenstand der Kirchengeschichte ist ein besonderer. Von hier aus erweist sich die Zugehörigkeit der Kirchengeschichte zur Theologie, geht es doch um die Geschichte der Kirche als Sozialgestalt des christlichen Glaubens und um die Geschichte der christlichen Lehrbildung. Gewiss werden Themen aus diesem Bereich auch von Allgemeinhistorikern bearbeitet, doch bringt eine spezifisch theologische Schulung eine höhere Fachkompetenz mit sich, da kirchenhistorische Quellen sich oftmals nur voll erschließen, wenn theologische Argumentationsfiguren oder biblische Anspielungen entschlüsselt werden können. Gänzlich kann sich die Kirchengeschichte auch nicht von der Frage entlasten, ob es nicht doch so etwas wie Heilsgeschichte oder ein Ziel der Geschichte gäbe. Reflexionen darüber müssen jedoch klar von der historischen Arbeit getrennt werden. Die Geschichte sehr unterschiedlicher Bewertungen historischer Ereignisse mahnt zur Zurückhaltung. Dies gilt beispielsweise für die Gestalt Kaiser Konstantins (siehe 2.3.2), aber auch für theologische Grundentscheidungen, die zwischen den Konfessionen strittig sind.

2. Das Problem der Epochengliederung

konfessionelles Epochenbewusstsein

Eusebius hatte darin Recht, dass mit Konstantin eine neue Zeit begann, auch wenn der Kaiser nicht die Heilsgestalt war, als die Eusebius ihn verherrlichte. Später haben andere Faktoren dazu geführt, dass die erste Epoche der Kirchengeschichte weiter ausgezogen wurde, bis ins 5. Jahrhundert hinein nämlich, als die grundlegenden theologischen Entscheidungen zur Trinitätslehre und zur Lehre von der Person Jesu Christi zum Abschluss gekommen waren. Zeitgenossen haben dies aber kaum als epochale Zäsur wahrgenommen. Das Geschichtsbewusstsein der Menschen des Frühmittelalters im Westen und der Zeitgenossen des frühen Byzanz im Osten war ungebrochen. Sie waren weiterhin Römer und als Römer auch Christen. Die Gliederung der Geschichte und Kirchengeschichte in Epochen ist demnach schon ein Bestandteil kirchen- und allgemeinhistorischer Methodik. Zusammenhänge können aus unterschiedlichen Perspektiven beschrieben und Brüche markiert werden. Für Protestanten galt seit der Reformation, dass zwischen dem Antiken Christentum und der Wiederentdeckung des Evangeliums durch Martin Luther (1483–1546, siehe 4.1) ein tiefer Graben klaffte, in dessen Finsternis das Papsttum und die Scholastik (siehe 3.4) als Zerrbild wahrer Theologie zu Hause waren. Der Begriff „Mittelalter" entsprang dieser Beschreibung. Ganz anders sah es aus katholischer Perspektive aus, in der die Kirchengeschichte ungebrochen verlief, allenfalls gestört durch die Reformation und andere Abweichler.

Antike/ Mittelalter

Der Gliederung der Kirchengeschichte in Epochen ist demnach nur begrenzt zu trauen. Dass irgendwann in der Spätzeit der neutestamentlichen Schriften, also im 2. Jahrhundert, die Zeit des Antiken Christentums beginnt, versteht sich von selbst. Wann diese Epoche aber endet, ist eine offene Frage: Eusebius hatte die Konstantinische Wende im Sinn, Spätere die Zeit wegweisender Lehrentscheidungen. Viele Linien wie das Mönchtum, die kirchliche Ämterstruktur und die Theologie eines Augustinus weisen aber trotz des Zerfalls des Römischen Imperiums im Westen weiter in die Zeit des Frühmittelalters, und für das östliche Christentum ist das Aufkommen des Islams ohnehin bedeutsamer. Wann das Mittelalter beginnt, ist ähnlich schwer zu beantworten, denn auch hier gibt es gleitende Übergänge.

Mittelalter/ Reformation

Aus protestantischer Perspektive markiert die Reformation fraglos den tiefsten Einschnitt. Auch wenn man sich von der Metaphorik des „finsteren Mittelalters" verabschiedet, sind doch die Umbrüche in Theologie, Frömmigkeit, Kirchenstruktur und Kultur unübersehbar. Wo die Reformation sich nicht durchsetzte, provozierte sie immerhin katholische Reformversuche. Alles das gehört zur „Konfessionalisierung". Gerade aber unter Betrachtung verschiedener historischer Dimensionen erscheint das Verhältnis von Mittelalter und Reformation wesentlich dichter, und der Erfolg Luthers und anderer erklärt sich dann aus den Reformtendenzen, die im 15. Jahrhundert deutlich sichtbar werden.

Reformation/ Neuzeit

Strittig muss auf jeden Fall der Beginn der Neuzeit bleiben. Luther selbst ist als Begründer der modernen Gewissensfreiheit dafür in Anspruch genommen worden. Schwer fällt hier schon die Suche nach kirchengeschichtlichen Daten im engeren Sinne: Man kann Entwicklungen wie den Pietismus und die Aufklärung für den Beginn der Neuzeit in Anspruch nehmen, doch gehört ebenso die Festschreibung konfessioneller Pluralität im Westfälischen Frieden dazu.

Ranke

Theoretische Reflexionen sind aber bodenlos ohne Kenntnis der Materie. Auch wenn der Optimismus Leopolds von Ranke (1795–1886), man könne sagen, „wie es eigentlich gewesen" längst Geschichte ist, ist doch der Erwerb soliden Wissens die Grundlage historischer Urteilsfähigkeit.

Kontrollfragen:

Kontrollfragen

1. Was ist der Gegenstand der Kirchengeschichtsschreibung?
2. Beschreiben Sie das Problem der Epochengliederung.

2. Das Antike Christentum

Antikes Christentum

Während der Begriff „Alte Kirche“ die Ehrwürdigkeit dieser Zeit beschreibt und der Begriff „Patristik“ sich dem Worte nach auf die Kirchenväter beziehen soll, ist „Antikes Christentum“ ein programmatischer Begriff, der die Inkulturation des Christentums in der antiken Welt betonen soll. Das Christentum wird in dieser Perspektive beschrieben als Bestandteil, nicht als Gegenteil der antiken Kultur und Geisteswelt. Auch die klassische „Patristik“ umfasste aber mehr als eine Literaturgeschichte der christlichen Antike; vielmehr widmete sie sich einer umfassenden Sichtweise der Sozial-, Institutionen-, Theologie- und Frömmigkeitsgeschichte der ersten fünf Jahrhunderte des Christentums.

2.1 Die Anfänge der christlichen Literatur und Theologie

Nachneutestamentliches

Die dem Christentum eigene hohe literarische Produktivität brachte Texte mit autoritativem Anspruch hervor, die nicht mehr Eingang in den neutestamentlichen Kanon fanden: Zusätzliche Evangelien, Apokalypsen und Apostelbriefe wurden verfasst, die unter anderem die Kindheit Jesu und seine Geburtsumstände, aber auch das Bild Marias ausmalten. Zum anderen entstanden Texte, die den Anspruch auf apostolische Autorschaft aufgaben und mit denen im 2. Jahrhundert die christliche Literaturgeschichte im eigentlichen Sinne beginnt.

1. Die Apostolischen Väter

Uneinheitlichkeit

Der Begriff „Apostolische Väter“ ist nicht antik, sondern wurde von dem französischen Gelehrten Jean-Baptiste Cotelier (1629–1686) auf eine Gruppe von Schriften angewendet, die seiner Meinung nach aus der Zeit der Apostel stammten. Tatsächlich aber haben diese Texte untereinander keinen Zusammenhang, sondern ganz unterschiedliche Entstehungsbedingungen und auch Inhalte. Für die Zeit des 2. Jahrhunderts, vor allem für dessen erste Hälfte, sind sie unverzichtbare Quellen, ohne dass sie ein geschlossenes Bild bieten könnten.

Ignatius von Antiochia

Von großem Wert ist eine Sammlung von sieben Briefen, die von Ignatius, dem Bischof der syrischen Metropole Antiochia (heute Antakya) verfasst worden sind und die meistens in das frühe 2. Jahrhundert datiert werden. Auffällig ist aber, dass Ignatius eine Ordnung der kirchlichen Ämter zum Programm erhebt, die erst lange nach ihm zur Norm werden sollte. Ignatius selbst ist geprägt von einem bischöflichen Amtsbewusstsein, in dem er sich als „Gottesträger“ tituliert und das von der Erwartung genährt wird, in Rom, wohin er von Soldaten verschleppt wird, das Martyrium zu erleiden. Diese hochgespannte Erwartung lässt ihn neben der Art, in der er seine Briefe schreibt – sie richten sich an Gemeinden auf seinem Weg – wie einen zweiten Paulus erscheinen. Wie die Briefe des Paulus, so wurden auch die des Ignatius später um weitere Schreiben ergänzt. Das Amtsbewusstsein des Ignatius ist klar hierarchisch: Unter dem Bischof rangieren die Presbyter, also die Priester. Eine eigene Gruppe bilden die Diakone, die nicht einfach den Presbytern unterstellt sind, sondern dem Bischof nahe stehen. Nicht nur zur Konstituierung einer Hierarchie aber ist das Bischofsamt bedeutsam: Vielmehr garantiert es die Einheit der Gemeinde, denn „wo der Bischof ist, da ist die Kirche“. Deutlich ist, dass Ignatius seinen Anspruch gegen den anderer stellt, die für ihn Abweichler und Ketzer sind und die ihre eigenen Gottesdienste feiern. Indem er zugleich den Begriff „katholische Kirche“ prägt, findet sich bei ihm die schon bei Paulus angelegte Vorstellung, „Kirche“ (ekklesia) sei mehr als die Ortsgemeinde.

Didache

Mögen die Ignatius-Briefe das persönliche Programm eines Einzelnen formulieren, so enthält die „Didache“, dem Titel nach die „Lehre der 12 Apostel“, konkrete Hinweise auf das kirchliche Leben des 2. Jahrhunderts. Allerdings sind weder Herkunft noch Entstehungszeit des Textes genau einzugrenzen. Im Zentrum steht die Taufe, die als Ziel einer ethischen Grundentscheidung angesehen wird, wobei es vor allem um die spezifisch christliche Begründung rechten Handelns geht: Der Mensch kann den Weg des Todes oder des Lebens gehen – der des Lebens läuft auf die Taufe zu. Für den Vollzug der Taufe werden nachhaltig geltende Regeln gegeben: Sie soll mit fließendem, kann aber auch mit stehendem Wasser vollzogen werden, und dies dreimal. Damit dürfte am ehesten ein Übergießen des Täuflings gemeint sein. Auch die Didache verrät einiges über die Ämterordnung, vor allem darüber, dass auch Frauen, nämlich Witwen reiferen Alters, an die kirchliche Hierarchie angegliedert sind: Sie werden für ihre private Fürbitte besoldet.

Hirt des Hermas

Wie vielfältig die den „Apostolischen Vätern" zugerechneten Schriften sind, zeigt der „Hirt des Hermas", eine Sammlung von visionären Texten, die um das Jahr 140 in Rom entstanden ist. Hermas ist der Name des Autors, der „Hirt" ist eine Offenbarergestalt. Bemerkenswert ist das sozialgeschichtliche Kolorit: Hermas ist ein freigelassener Sklave, der gegen die Reichen in der Gemeinde polemisiert. Interessant ist auch, dass Hermas nichts von einer Ämterhierarchie in der römischen Gemeinde weiß und ein individuelles, charismatisches Christentum repräsentiert.

I. Clemensbrief

Einige Jahrzehnte vor dem „Hirten des Hermas", um das Jahr 100, entstand in Rom ein Brief, der später als I. Clemensbrief dem römischen Bischof Clemens zugeschrieben, aber von den römischen Presbytern gemeinsam verfasst wurde, jenem Kollegium also, in dem der Bischof zu dieser Zeit noch erster unter gleichen war. Das Schreiben ist gerichtet an die Leitung der Gemeinde in Korinth. Somit ist es ein erstes Zeugnis dafür, dass sich die römische Gemeinde ungefragt in die Angelegenheiten anderer Gemeinden einmischte. Anlass dieser Intervention war ein Konflikt unter den Presbytern in Korinth, in dessen Folge die einen die anderen für abgesetzt erklärt hatten. Die römische Reaktion ist ein Appell an Ordnungsvorstellungen, bei denen die kirchlichen Ämter als Teil der kosmischen, von Gott verbürgten Ordnung angesehen werden. Von besonderem Wert ist der I. Clemensbrief, weil er das erste Zeugnis für die Verehrung des Petrus und Paulus in Rom ist.

II. Clemensbrief

Gar nicht im Zusammenhang mit dem „I. Clemensbrief" steht ein Text, der als „II. Clemensbrief" gezählt wurde, der gar kein Brief ist und der seines Inhaltes wegen gerne die älteste christliche Predigt genannt wurde.

Barnabasbrief Nicht als generelle Stellungnahme, sondern als radikale Position zu lesen ist der um 130 geschriebene „Barnabasbrief“: Er beinhaltet eine scharfe Ablehnung des Judentums, dies aber aus theologischen Gründen: Da die Juden die neue Offenbarung in Jesus Christus nicht akzeptieren, können sie auch ihre heiligen Schriften – im christlichen Verständnis das Alte Testament – nicht verstehen.

2. Die Apologeten

Apologetik Aus der Sicht heidnischer Polemik waren Christen „Atheisten“, da sie nicht die richtigen Götter verehrten, und zudem Gestalten von zweifelhaftem Ruf. Auch ohne diese Überspitzungen waren Christen genötigt, sich mit der Skepsis der Nichtchristen auseinanderzusetzen. Mit dem 2. Jahrhundert beginnt die Blüte der Apologetik, also der literarischen Verteidigung des Christentums. Ob die apologetischen Schriften wirklich von Nichtchristen gelesen wurden oder ob sie eher der christlichen Selbstvergewisserung dienten, ist schwer zu gewichten, doch sprechen viele Argumentationslinien für den Versuch, sich anderen verständlich zu machen.

Hauptthemen In der Apologetik ist eine ethische und eine philosophisch-theologische Linie zu unterscheiden: So wird das Christentum als die bessere Ethik dargestellt, der gegenüber das Handeln der Nichtchristen als verwerflich disqualifiziert wird. In theologischer Hinsicht fällt auf, dass auf biblische Zitate und Anspielungen oft verzichtet und das Christentum als die bessere Philosophie dargestellt wird. Ein tragendes Motiv ist die Vorstellung des „Logos“, des Offenbarungsmittlers, der als Schöpfungswort wirkte, der dann aus den Propheten, aber auch aus den antiken Philosophen sprach und der endlich in Jesus Christus vollends Gestalt gewann.

Apologeten Unter den Apologeten sind Justin (gest. um 160) mit seiner Apologie, Tertullian (gest. um 220) mit seinem „Apologeticum“ und Origenes (um 185 – um 254) mit „Contra Celsum“ die bedeutendsten. Justin verteidigte das Christentum nicht nur gegen heidnische Vorwürfe, sondern in seinem „Dialog mit dem Juden Trypho“ auch gegen jüdische Anfragen. Am Ende des fiktiven Dialogs zeigt sich der jüdische Gesprächspartner erwartungsgemäß von den christlichen Argumenten überzeugt.

3. Die Auseinandersetzung mit Abweichlern

Art der Auseinandersetzung

Schon die frühesten christlichen Schriften spiegeln Auseinandersetzungen mit Vertretern von Anschauungen wieder, die als „häretisch“, also ketzerisch qualifiziert wurden. Da es vor der Konstantinischen Wende keine staatlichen Zwangsmaßnahmen gegen Abweichler gab, blieben die Auseinandersetzungen literarisch (wobei die Gegenposition meistens nur fragmentarisch belegt ist) oder wurden durch Ausschluss aus der Gemeinde manifest. So ist davon auszugehen, dass es an manchen Orten mehrere christliche Gemeinden gab; diesen Eindruck vermittelt schon Ignatius von Antiochia.

Gnosis

Die anfangs wichtigsten unter den „Ketzern“ waren diejenigen, die bestritten, Jesus Christus sei wirklich Mensch geworden, und die behaupteten, er habe als Gesandter Gottes nur zum Schein einen menschlichen Leib gehabt. Dem griechischen Wort „scheinen“ (dokein) nach waren dies die „Doketisten“. Als viel größere Gefahr wurden bald jene angesehen, die als „Gnostiker“ nicht nur den Doketismus vertraten, sondern Jesus Christus zum Mittler einer göttlichen Offenbarung umprägten, der man durch Selbst-, Gottes- und Welterkenntnis, durch „Gnosis“ nämlich, teilhaftig werden könne. Das massive Auftreten der Gnosis, die sich offensichtlich als vollendetes Christentum verstand, rief als ersten literarischen Bestreiter Irenaeus (gest. um 200), den Bischof von Lyon, auf den Plan. Irenaeus verfasste um 180 eine umfängliche Widerlegung der gnostischen Lehren, wobei er diese ausführlich zu Wort kommen ließ. Namentlich bekannte Urheber gnostischer Lehren waren unter anderen Valentinus und Basilides (beide gest. um 160).

Glaubensregel

Irenaeus stützte seine inhaltliche Auseinandersetzung durch ein Argument, das in der Auseinandersetzung mit Häretikern immer wieder eine große Rolle spielen sollte: Entscheidend für Wahrheitsansprüche war die rechte Tradition, die wiederum durch die kirchlichen Amtsträger verbürgt wurde. Das Traditionsargument wurde somit personalisiert: Die Bischöfe konnten der Liste ihrer Vorgänger nachgehen und dabei womöglich sogar in „apostolischer Sukzession“ stehen, nämlich die Gründung ihrer Gemeinde bis auf einen Apostel zurückführen – das prominenteste Beispiel dafür ist Rom, und Irenaeus kennt auch die dortige Bischofsliste. Gestalt gewann die von den Bischöfen verwaltete und fortgeschriebene Tradition in der „Glaubensregel“ (Regula fidei), die von Ort zu Ort etwas unterschiedlich war und den späteren Glaubensbekenntnissen ähnelte. Da die Glaubensregel in der Hand der Bischöfe lag, wurde auch ihre Stellung gestärkt.

Kontrollfragen:

Kontrollfragen

1. Nennen Sie Autoren, die zu den „Apostolischen Vätern“ gerechnet werden und charakterisieren Sie einen ausführlicher.
2. Was steht im Zentrum antiker christlicher Apologetik und wer sind ihre Hauptvertreter?
3. Welches Argument wird in der Auseinandersetzung mit „Ketzern“ immer wieder verwendet?

2.2 Die ersten großen Theologen und die Anfänge der Trinitätslehre

Umbrüche

Die Theologie des Antiken Christentums formierte sich erst allmählich. Namen wie Justin und Irenaeus markieren zwar schon Autoren umfänglicherer Werke, doch haben sich diese noch nicht programmatisch mit den dogmengeschichtlich bedeutsamen Themen der Theologie befasst. Dies änderte sich entscheidend am Ende des 2. Jahrhunderts und dann im 3. Jahrhundert, als die Trinitätslehre zum zentralen Problem wurde. Das Verhältnis von Vater, Sohn und Heiligem Geist, zuvor zumeist recht unreflektiert gesehen, wurde nun von ambitionierten Theologen in ein System – einstweilen eher in konkurrierende Systeme – gebracht. Entschieden wurde diese Systemkonkurrenz erst im „Arianischen Streit“ im 4. Jahrhundert (siehe 2.4.1.).

1. Tertullian

Lateinische Bibel

Tertullian, kein Kleriker, sondern ein christlicher Intellektueller in Karthago (nahe dem heutigen Tunis), war der erste in Latein schreibende Theologe. In Lyon, dessen Gemeinde enge Verbindungen nach Kleinasien hatte, und in Rom sprach und schrieb man in der christlichen Gemeinde Griechisch. Je mehr sich das Christentum in Nordafrika und überhaupt im Westen des Römischen Reiches etablierte, desto drängender wurde seine Übersetzung in die lateinische Sprachwelt. So entstanden aus praktischen Notwendigkeiten heraus Übersetzungen des griechischen Bibeltextes ins Lateinische, die in Unterscheidung von der späteren von Hieronymus (347–419) begonnenen „Vulgata"-Übersetzung „altlateinisch" (Vetus Latina) genannt werden.

Markion

Tertullian hinterließ ein bemerkenswertes literarisches Œuvre, das aus einer Vielzahl von praxisbezogenen und apologetischen Werken besteht, aber auch aus Schriften gegen Häretiker, denen gegenüber er seine Theologie profilierte. Wie Irenaeus, so stellte auch er Argumente gegen die Gnostiker zusammen. Viel wichtiger als diese Kontrahenten sind zwei weitere Gruppen. Zum einen sind dies die Anhänger Markions (ca. 85 – ca. 160): Dieser war um 140 Mitglied der römischen Gemeinde geworden, aber bald wieder aus ihr ausgeschlossen worden. Markion sah zwischen dem Neuen und dem Alten Testament keinen Zusammenhang. Der gnädige Gott, nämlich der Vater Jesu Christi, war nicht identisch mit dem zürnenden, richtenden Gott des Alten Testaments. Was im Neuen Testament auf das Alte Testament zurückverwies, ging nach Markions Ansicht auf „judaistische" Fälschungen zurück. Tertullians Anliegen war es nun, die inneren Zusammenhänge der beiden Teile der christlichen Bibel zu erweisen.

Modalisten

Von nachhaltiger Bedeutung war Tertullians Auseinandersetzung mit einer anderen Gruppierung, die in streng monotheistischer Tendenz die Einheit, die „Monarchie" Gottes hervorhob. Ihr Führer war ein gewisser Praxeas. Die „Monarchianer" kann man auch als „Modalisten" bezeichnen, da sie die drei trinitarischen Personen Vater, Sohn und Heiligen Geist nur als unterschiedliche äußere Erscheinungsweisen (modi) des einen Gottes ansahen. Wie für Irenaeus, so war auch für Tertullian die in der „Regula fidei" niedergelegte Tradition ein schlagendes Argument.

Trinitätslehre Tertullians

Mit seinem gegen den „Monarchianer" oder „Modalisten" Praxeas gerichteten Werk schuf Tertullian im lateinischen Westen die Grundlagen der Trinitätslehre. Gegen die Einschmelzung der drei göttlichen Personen stellte er die Lehre von ihrer unterschiedlichen Funktion im Verlauf der Heilsgeschichte. Gott wurde so beschrieben als ein Wesen (una substantia) in drei Personen, wobei es vor allem um Gott den Vater und Jesus Christus ging – der Heilige Geist kam erst im 4. Jahrhundert als eigenständiges Thema in den Blick. Auch wenn Tertullian die drei göttlichen Personen durch ihre substanzielle Einheit prinzipiell als gleichrangig ansah, hatte sein Modell doch eine Tendenz zur graduellen Unterordnung des Sohnes unter den Vater.

2. Origenes

Clemens von Alexandria

In Alexandria war Origenes nicht der erste Theologe, der in einem produktiven Dialog mit der antiken Bildungswelt stand. Um das Jahr 200 hatte Clemens von Alexandria (um 150 – um 220) ein theologisches Programm entworfen, mit dem den Nichtchristen das Christentum näher gebracht werden sollte. Christus bzw. der mit ihm identifizierte ewige Logos wurde dabei als Lehrer und Erzieher stilisiert, der die Menschen über die Stufen eines allgemeinen Verständnisses in die Tiefendimensionen des christlichen Glaubens führte.

Trinitätslehre

Origenes entwickelte aus der Synthese von antiker Philosophie und christlicher Tradition ein theologisches System, das in Teilen später strittig wurde, obwohl man ihn weithin rezipierte. Origenes lebte in Alexandria, wo er als freier theologischer Lehrer, also ähnlich wie Tertullian nicht als Kleriker, tätig war. Seinem Ortsbischof wurde er als prominenter Theologe lästig, sodass er Alexandria verlassen musste. In Caesarea in Palästina fand er eine neue Heimat, und hier schuf er eines seiner Hauptwerke, die „Hexapla", eine Revision der Septuaginta, also der griechischen Übersetzung des Alten Testaments. Origenes war ebenso wie Clemens an der Dialogfähigkeit des Christentums gelegen. So bemühte er sich einerseits literarisch um die Widerlegung heidnischer Vorwürfe, andererseits aber knüpfte er an mittel- und neuplatonische Denkweisen an. Aus der damit verbundenen Vorstellung einer Hierarchie alles Seienden entwickelte er eine tendenzielle Unterordnung des Sohnes unter den Vater und des Heiligen Geistes unter den Sohn. Der Sohn (Logos) ist wie bei Justin „zweiter Gott"; der Heilige Geist ist noch stärker als der Logos von Gott dem Vater abgesetzt. Unter dem Heiligen Geist rangieren Geistwesen, von denen einige von Gott abgefallen sind. Damit verbindet sich die Vorstellung der Freiheit aller Geistwesen, sich auf Gott zu oder von ihm wegzubewegen, und damit der Gedanke einer Allversöhnung, also der Erlösung aller Seelen.

Allegorese

In seinem dogmatischen Hauptwerk, „De Principiis", stellte Origenes seine Theologie dar. Formal berief auch er sich dabei auf die Tradition, die es aber zu entfalten gelte. In De Principiis legte er zudem Rechenschaft über seine exegetische Methode ab: Der Bibeltext hat nicht nur einen wörtlichen, „fleischlichen" Sinn, sondern auch höhere, geistliche Verstehensebenen, da er sich nicht menschlicher Weisheit, sondern göttlicher Eingebung verdankt. Dementsprechend lässt sich der Text auch „geistlich" interpretieren, also in einem übertragenen, allegorischen Sinn. Origenes gab damit der Bibelauslegung ganz neue Möglichkeiten, wobei er sich schon an der Methodik des jüdischen Theologen Philo (um 15 v. Chr. – um 45) orientieren konnte. Nicht mehr nur typologische Entsprechungen wie Eva/Maria oder Adam/Christus waren nun möglich. Vielmehr konnte beispielsweise die Arche als Kirche, die Braut des Hohenliedes als Seele und der Auszug aus Ägypten als Flucht aus der Sünde gedeutet werden.

Kontrollfragen:

Kontrollfragen

1. Wie beschreibt Tertullian die Trinitätslehre?
2. Welche Auslegungsmethode entwickelte Origenes?

2.3 Die Inkulturation des Christentums in die spätantike Gesellschaft

Sozialgeschichte

Das Christentum war von vornherein nicht nur eine Religion der Unterschichten. Dieses falsche Bild ist auf der Grundlage heidnischer Vorwürfe und der Sozialromantik späterer Zeiten entstanden.

1. Inkulturation und Integration vor der Konstantinischen Wende

Logosvorstellung

Die gesellschaftliche Integration des Christentums auf vielen Ebenen ist um die Mitte des 3. Jahrhunderts deutlich erkennbar. In geistiger Hinsicht bot die von den Mittel- und Neuplatonikern, aber auch von den Stoikern geteilte Logos-Vorstellung einen Anknüpfungspunkt: Christlich gesehen war der Logos das Wort Gottes, das in Jesus Christus Mensch geworden war, und auch bei Platonikern und Stoikern hieß der Offenbarungsmittler Logos.

Cyprian

Von Anfang an wurde aus christlicher Sicht die Loyalität gegenüber dem Staat betont: Christen beten für den Kaiser, sie beten aber den Kaiser nicht an. Ein wichtiger Zeuge für eine starke Verankerung des Christentums in der spätantiken Gesellschaft ist Bischof Cyprian von Karthago (gest. 258), der ein Opfer der Verfolgung unter Kaiser Valerian wurde. Cyprian stammte selbst aus der städtischen Oberschicht, die zunehmend Zugriff auf kirchliche Leitungsämter hatte.

Verfolgungen

Schon vor der Konstantinischen Wende verstand sich das Christentum als integraler Bestandteil der antiken Gesellschaft – das einzige Gebiet, auf dem diese Integration verweigert wurde, war das der Religion. Dabei ist zu berücksichtigen, dass in vielen Bereichen des öffentlichen Lebens Religion eine große Rolle spielte. Christen führten keine Untergrundexistenz: Ihre Gemeindeleiter und Versammlungsräume waren bekannt. So stammt die älteste erhaltene Kirche aus der ersten Hälfte des 3. Jahrhunderts: Es handelt sich um ein umgebautes Wohnhaus, dessen Reste in Dura-Europos am Euphrat gefunden wurden. Erst im 3. Jahrhundert erlangten die Christenverfolgungen die Dimensionen, die in der Wahrnehmung der Nachwelt auch die früheren regionalen oder lokalen Pogrome hatten. So fand ein umfassender Zugriff des römischen Staates auf die Christen erst

249–251 durch Kaiser Decius, dann unter Kaiser Valerian und zu Beginn des 4. Jahrhunderts durch Kaiser Diokletian statt. Wenn Cyprian berichtet, viele Christen hätten das heidnische Opfer in der Verfolgung geleistet, spricht dies dafür, dass man die Bereitschaft zum Martyrium unter Christen nicht generell voraussetzen konnte und das Christsein sich bis dahin als selbstverständliches Merkmal bürgerlicher Existenz etabliert hatte.

2. Die Konstantinische und die Theodosianische Wende

Religionspolitik

Kaiser Konstantin, der 312 nach jahrelangen Kämpfen die Herrschaft über den Westteil des Reiches errungen hatte, favorisierte das Christentum. Ob er selbst in vollem dogmatischem Sinne Christ war, spielt dabei keine Rolle, denn er agierte als Kaiser, nicht als Privatmann. In dem christlichen Gott konnte er einen Förderer seiner Herrschaft sehen, und die Kirche war als Institution zu guten Zwecken nutzbar. Keineswegs aber machte Konstantin das Christentum von vornherein zur Staatsreligion, auch wenn sein größter Lobredner, der Kirchenhistoriker Eusebius von Caesarea, dies so darstellt. Vielmehr agierte der Kaiser vorsichtig, denn immerhin waren die Eliten und die Bevölkerung zu überwältigenden Teilen keine Christen. Andererseits stiftete er Kirchen wie die Grabeskirche in Jerusalem und verhalf dem Christentum damit zu einer ganz neuen Sichtbarkeit.

Donatisten

Dass Konstantin sich berufen sah, die Dinge der Kirche zu guten allgemeinen Zwecken zu ordnen, zeigte sich spätestens 325 bei seiner Intervention in den „Arianischen Streit“ (siehe 2.4.1.). Schon bald nach der Erringung der Herrschaft über den Westteil des Reiches hatte Konstantin das Problem einer Kirchenspaltung in Nordafrika in den Griff zu bekommen versucht: Hier hatten sich Kleriker, die nach ihrem ersten Repräsentanten Donatus „Donatisten“ genannt wurden, gegen andere gestellt, denen sie vorwarfen, in der vorhergehenden Verfolgung durch Kaiser Diokletian Verrat geübt zu haben. Die nordafrikanische Kirche blieb bis in die Zeit Augustinus’ hinein gespalten. Konstantin erreichte nämlich gerade nicht sein Ziel, den Konflikt zu lösen. Ein Versuch dazu war im Jahre 314 die Einberufung einer Synode nach Arles, wodurch immerhin das Instrument der Synode politisch erprobt wurde.

Julian Dass Konstantin also Weichen in die Zukunft einer engen Beziehung von Staat und Kirche stellte, ist unübersehbar. Zugleich begann er mit einer rechtlichen Diskriminierung des Judentums. Allerdings wurde in den folgenden Jahrzehnten im „Arianischen Streit“ klar, dass die Interventionen Konstantins und seiner Söhne in kirchliche Fragen Streitigkeiten noch beflügelten. Radikal Schluss damit wollte Kaiser Julian „der Abgefallene“ (Apostata) machen, der das ererbte Christentum in seiner kurzen Herrschaftszeit (361–363) nochmals gegen ein philosophisch gestimmtes Heidentum eintauschte. Auch ohne seinen Tod in der Schlacht im fernen, mit seinem Zentrum im heutigen Irak liegenden Sasanidenreich wäre er mit seinen religionspolitischen Ambitionen wohl kaum zum Ziel gekommen, da die heidnische Priesterschaft nicht seine Erwartungen erfüllte, der Kirche etwas entgegenzusetzen. Allerdings war Julian zugleich ein Exponent eines immer noch massiven heidnischen Widerstandes gegen das Christentum. Julians Nachfolger knüpften wieder an die Religionspolitik Konstantins und seiner Söhne an, doch gab es auch noch Männer wie den Rhetor Libanius (314–393) und den römischen Senator Symmachus (gest. 402). Beide traten für Toleranz gegenüber der traditionellen Religion ein und hatten dabei nichts zu fürchten.

Theodosius I. Theodosius I. (der Große, 347–395) erst vollendete die Konstantinische Wende, sodass sich von einer Theodosianischen Wende sprechen ließe. Durch ihn kam der Arianische Streit zum Abschluss, und durch ihn wurde eine antiheidnische Politik forciert, ohne dass allerdings die entsprechenden Gesetze immer für bare Münze genommen werden müssen. Von Theodosius führt der Weg ins westliche Mittelalter und im Osten in den byzantinischen Einklang von Kaisertum und Kirchenführung.

3. Rückzug in eine neue Welt: Eremiten und Mönche

Anfänge Man hat die Entwicklung des Eremiten- und Klosterwesens als Reaktion auf die staatliche Förderung des Christentums, die man als „Verweltlichung“ deutete, sehen wollen, doch ist die Geschichte der christlichen Askese in jedem Falle älter. Sie wurde zuerst in den Gemeinden durch regelmäßiges Fasten geübt. Schon früh gab es die geregelte Existenz als asexuell lebende Jungfrau oder Witwe; seit dem 3. Jahrhundert sind in Syrien Asketengruppen bezeugt.

Antonius

Auch der erste große Eremit entwickelte seine Lebenspraxis noch vor der Konstantinischen Wende: Dies war Antonius der Große (251–356), dem Athanasius (um 295–373) mit seiner „Vita Antonii" ein interessegeleitetes Denkmal setzte, war doch Antonius in den Augen des Athanasius ein Vorkämpfer gegen den Arianismus (siehe 2.4.1) und ein treuer Gefolgsmann seines Biografen. Zweifelsohne war Antonius eine weithin bekannte Persönlichkeit, und er hatte Mühe, dem schon zu seinen Lebzeiten einsetzenden Wallfahrtstourismus zu entgehen.

Lebensformen

Zur gleichen Zeit gründete ebenfalls in Ägypten Pachomius (um 292–347) die ersten Klöster, denen er feste Regeln gab. Außerdem gab es Menschen, die halb als Einsiedler und halb klösterlich lebten, indem sie sich zu Zellensiedlungen zusammenschlossen. In Kleinasien sammelte Basilius (um 330–378) die Asketen. In Syrien war die asketische Szene ungleich ungeordneter, hier gab es ungebundene Gruppen von Asketen, die für Unruhe sorgten. Im Westen lebten Männer wie Augustinus in asketischen Wohngemeinschaften zusammen, die sich aber auch wieder auflösen konnten. Ein wichtiges Phänomen der asketischen Szene waren im 4. und 5. Jahrhundert Frauen, die hier ein neues Lebensideal und Betätigungsfeld fanden. Einige stammten aus angesehenen Familien, waren gebildet und gründeten Klöster im Heiligen Land, das sich seit der Konstantinischen Wende zum Pilgerzentrum entwickelt hatte. Hierher hatte es auch Männer wie Hieronymus gezogen.

4. Kirchliches Leben

Taufe

Die christliche Taufe ist religionsgeschichtlich nicht ableitbar: Sie ist kein rituelles Reinigungsbad, sondern einmalig. Am ehesten ist sie mit der von Johannes dem Täufer gepredigten und an Jesus vollzogenen Taufe vergleichbar. In christlicher Sicht ist mit der Taufe eine Vergebung der Sünden und die Verleihung des Heiligen Geistes verbunden. Das Christsein begann aber nicht erst mit der Taufe: Dieser ging eine lange, intensive Vorbereitungszeit, der Katechumenat, voraus, in dessen Verlauf die Taufbewerber belehrt wurden und während dessen man ihren Leumund prüfte. Dies schließt nicht aus, dass auch Kinder getauft wurden. Für alle Christen war durch die Taufe eine besondere Lebensführung gefordert. Danach begangene Sünden konnten kaum noch vergeben werden. Erst allmählich schuf die Einführung der Buße hier Abhilfe. Grundsätzlich lebten die Christen die bürgerliche Ethik ihrer Zeit, wenn auch mit besonderer religiöser Begründung. Allerdings war die tätige Nächstenliebe, also die Diakonie der christlichen Gemeinden etwas Besonderes. Dafür steht auch Martin von Tours (316–397), der der Legende nach seinen Mantel teilte, um einem Bettler zu helfen, und dem daraufhin im Traum Christus erschien, der ihm offenbarte, er sei dieser Bettler gewesen.

Bekenntnisse

Die Täuflinge legten ursprünglich bei der Taufe kein Bekenntnis ab. Vielmehr akzeptierten sie einen ihnen vorgesprochenen, an die Glaubensregel angelehnten Text mit ihrem Ja. Erst seit dem späten 4. Jahrhundert ist ein aktives Bekennen bezeugt. Unterdessen hatte sich im Osten mit dem Bekenntnis von Nicaea-Konstantinopel (siehe 2.4.1) ein Text mit hoher Verbindlichkeit etabliert. Ihm gleich kam im Westen das „Romanum", aus dem das „Apostolische Glaubensbekenntnis" hervorging, welches der Legende nach von den Aposteln verfasst wurde.

Kirchenjahr

Das christliche Leben war von Festen strukturiert: Der sonntägliche Gottesdienst, in dem die Predigt und die Eucharistie, also das Abendmahl, im Zentrum standen, gab den Rhythmus vor. Hinzu kamen alsbald die Gedenktage für Martyrien und die großen Kirchenjahresfeste, unter denen das Osterfest das älteste ist, während Weihnachten erst seit der zweiten Hälfte des 4. Jahrhunderts gefeiert wurde. Um den Termin des Osterfestes kam es am Ende des 2. Jahrhunderts zu Streitigkeiten, da die einen Ostern als christliches Passa am 14. Tag des jüdischen Mondmonats Nisan ansetzen, die anderen es als Auferstehungstag auf einen Sonntag verlegen wollten. Erst allmählich bildete sich die Regelung heraus, Ostern am ersten Sonntag nach dem ersten Vollmond nach dem Frühlingsanfang zu feiern.

Ämter

Ignatius nahm in seiner Amtstheologie Entwicklungen vorweg, die sich erst im Laufe des 2. Jahrhunderts verfestigen sollten: Der Bischof wurde vom Sprecher des Presbyterkollegiums zu dessen Oberhaupt. Der Klerus schied sich von den nicht geweihten Laien, und eine Sakralisierung der Ämter des Bischofs und des Presbyters (Priesters) stellte sich nach alttestamentlichem Vorbild ein. Die Bischöfe kamen durch das Bußverfahren und die Verwaltung des Vermögens der Gemeinde in eine Schlüsselstellung, die sie nach der Konstantinischen Wende noch ausbauen konnten. Der römische Bischof musste wie die Patriarchen von Alexandria, Konstantinopel und Antiochia in dieser Zeit seine Ansprüche erst etablieren.

Charismatiker

Von Anfang an hatten es die kirchlichen Ämter mit charismatischer Konkurrenz zu tun. Hierzu zählten wandernde Propheten, später die Asketen und um 170 die nach einem gewissen Montanus benannten „Montanisten“, die sich selbst als „Neue Prophetie“ bezeichneten und unter denen Prophetinnen, namentlich eine Priska und eine Maximilla, eine wichtige Funktion hatten. Sie predigten in prophetischer Ekstase das Ende der Welt und bauten eine Art Gegenkirche auf. Um 250 hatte Cyprian von Karthago damit zu tun, die Ansprüche von „Bekennern“ auf Teilhabe an der Gemeindeleitung abzuweisen – allerdings hatten solche Ansprüche von Menschen, die Verfolgungen überstanden hatten, durchaus Tradition.

Frauen

Eine zunehmend prekäre Stellung hatten Amtsträgerinnen, die als asketisch lebende Witwen geduldet waren, aber ihren in Syrien bestehenden Status als Diakoninnen (in Parallele zu den männlichen Diakonen) allmählich verloren. Die von Frauen offensichtlich praktizierte Lehre in der Gemeinde wurde kritisiert. Dafür spricht schon die bei Tertullian zu findende Kritik an den Paulus- und Thekla-Akten: Diese gaben dem Apostel eine Apostelin bei, und auch wenn Thekla keine historische Gestalt war, wurde sie doch sehr populär.

Kontrollfragen:

Kontrollfragen

1. Ordnen Sie die großen Verfolgungen in die Geschichte des Christentums in der Antike ein.
2. Was ist die Konstantinische Wende?

2.4 Die Fixierung der Trinitätslehre und der Zweinaturenlehre

Hauptthemen

Tertullian, Origenes und andere zeugen davon, dass sich allmählich jene theologischen Fragen herausbildeten, aus deren Diskussion Definitionen zur Lehre von der Dreieinigkeit Gottes und vom Verhältnis von Gottheit und Menschheit in Jesus Christus erwuchsen – allerdings blieben gerade in Bezug auf den zweiten Komplex die Definitionen der „Zweinaturenlehre" oder „Christologie" strittig.

1. Der Arianische Streit und die Konzilien von 325 und 381

3. Jahrhundert

Für die Bestimmung des Verhältnisses der drei göttlichen Personen Vater, Sohn und Heiliger Geist lagen im 3. Jahrhundert konkurrierende Modelle vor: Einander gegenüber standen sich der von Praxeas und einem gewissen Sabellius vertretene Modalismus und die von Origenes und anderen gelehrte wenigstens tendenzielle Unterordnung des Sohnes und des Geistes unter Gott den Vater. Tertullian und in seiner Folge andere westliche Theologen beschritten den zukunftsträchtigen Weg, die Einheit und die Dreiheit miteinander auszugleichen, wenn auch einstweilen ebenso mit der Tendenz einer Unterordnung. Vor der Konstantinischen Wende konnten die trinitarischen Modelle unausgeglichen nebeneinander stehen bleiben. Um 260 zeigten sich mögliche Konfliktlinien: Bischof Dionysius von Alexandria betonte die Unterordnung des Logos, sein Kollege Dionysius von Rom die Gleichordnung, und der antiochenische Bischof Paul von Samosata vertrat um 270 eine modalistische Position.

Proverbien 8,22

Einen der theologischen Kerne des Problems bildete die Interpretation eines Verses aus dem Buch der Sprüche (Proverbien). Hier heißt es in Kapitel 8,22: „Der Herr hat mich geschaffen am Anfang seiner Wege zu seinen Werken." Gesprochen wird dieser Satz von der Weisheit, doch las man den Satz mit christlichen Augen als eine Aussage des Logos, der hier als Mittler von Gottes Schöpfungswillen spreche. Strittig waren die Worte „am Anfang seiner Wege". Wer für eine Unterordnung des Logos unter den Vater eintrat, sah hier einen klaren biblischen

Beweis für seine Auffassung, denn wo es einen Anfang gibt, ist die unanfängliche Ewigkeit verlassen. Mochte der Sohn auch das vornehmste Geschöpf sein, aus dem alle anderen hervorgegangen waren: Gleichewig mit dem Schöpfer war er nicht. Auch den Vertretern einer Gleichewigkeit von Vater und Sohn aber konnte die Bibelstelle als Beleg dienen, denn der „Anfang" konnte durchaus noch zur Ewigkeit gerechnet werden. Mit der Anführung von Bibelstellen allein ließen sich solche Probleme nicht lösen, und schon Tertullian hatte ja dazu geraten, die Tradition als Maßstab heranzuziehen. Auch diese konnte aber keine Lösung bereithalten, denn das Problem war neu.

Arius

Indem der alexandrinische Presbyter Arius (um 260–336) die bei Origenes zu findende Tendenz zur Unterordnung des Logos betonte, wurde er zum Auslöser des Arianischen Streites. Unter Berufung auf die Tradition und geeignete Bibelstellen sah er sich in bester Gesellschaft, wenn er die Ewigkeit des Logos bestritt: „Es war einmal, dass er nicht war". Der Logos war Schöpfungsmittler, aber dem Schöpfer nicht gleich, sondern selbst ein Geschöpf, wenn auch ein vor allen übrigen geschaffenes. Hierin bezog sich auch Arius auf Proverbien 8,22. Mit diesen Auffassungen meinte Arius sich im Einklang mit seinem Bischof Alexander von Alexandria (gest. 328) zu befinden, der aber die von Origenes ausgehende Tendenz nicht derart radikalisieren wollte. Ihm ging der ambitionierte Presbyter Arius, der in der Großstadt Alexandria eine eigene Gemeinde leitete, zu weit, und er versuchte ihn um das Jahr 320 in die Schranken zu weisen. Nun eskalierte der Konflikt: Arius fand Anhänger wie Gegner.

Nicaea 325

Konstantin dehnte im Jahre 324 seine Herrschaft nach einem Krieg gegen den Kaiser des östlichen Reichsteils, Licinius, auf diesen Teil des Reiches aus. Hier stieß er auf die Kontroversen um Arius, die ihm wie ein nachrangiger Streit zwischen Philosophenschulen erschienen. Die von ihm erhoffte Einigung auf gutes Zureden hin kam aber nicht zustande. Konstantin versuchte den Konflikt zu lösen, indem er ein Konzil einberief, das 325 in Nicaea tagte und das später als I. Ökumenisches Konzil gezählt wurde. Den Vorsitz führte der Kaiser selbst. Arius wurde als Ketzer verurteilt. Um die Frage des Verhältnisses von Gott dem Vater und dem Logos, dem Sohn also, zu klären, wurde auf der Grundlage älterer Formeln ein Text verabschiedet, der die Ewigkeit des Sohnes festschrieb: Er sei geboren aus dem Wesen des Vaters und eines Wesens (homoousios) mit dem Vater.

Athanasius

Allerdings spielte dieser Text, das „Bekenntnis" von Nicaea, für ein Vierteljahrhundert keine Rolle mehr. Konstantin rehabilitierte Arius bald nach dem Konzil und setzte auf eine Kompromisspolitik. Im Weg war ihm dabei der seit 328 amtierende Nachfolger des Bischofs Alexanders von Alexandria, Athanasius. In den folgenden Jahrzehnten blieb Athanasius ein entschiedener Gegner der Theologie des Arius und aller derer, die er für dessen Nachfolger hielt. In seinen Augen konnte die Lehre des Arius die Erlösung des Menschen nicht garantierten, musste doch Jesus Christus dazu in vollem Sinne Gott sein. Für Konstantin und seine Nachfolger war Athanasius ein Störenfried, und so wurde er in den nächsten Jahrzehnten fünfmal ins Exil geschickt. Die Gegner des Nicaenums, die hinter dem homoousios modalistische Tendenzen vermuten konnten und darum nicht schlichtweg Arianer waren, bildeten eine starke Mittelgruppe. Eine 342 oder 343 in Serdika (Sofia) durchgeführte Synode spaltete sich in Anhänger und Gegner des Athanasius.

Parteien

Neue Dynamik bekamen die Kontroversen nach dem Jahr 350. Athanasius hatte zu dieser Zeit das Nicaenische Bekenntnis mit dem „homoousios" zu propagieren begonnen. Constantius II. (317–361), einer der Söhne Konstantins, versuchte eine politische Lösung der Konflikte zu erzwingen, indem er 357 und 359 auf Synoden in Sirmium Glaubensformeln beschließen ließ, die das Nicaenische Bekenntnis und die Rede von der einen „ousia" überflüssig machen sollten. Dahinter standen Theologen, die das Verhältnis von Vater und Sohn in der Gottheit als „ähnlich" (homoios) definierten. Getragen wurde diese Definition vor allem von Anhängern der kaiserlichen Kirchenpolitik, den „Homöern". Neben den Homöern bildete sich eine noch radikalere Gruppe, die „Anhomöer", die das Verhältnis von Vater und Sohn als unähnlich bezeichneten und damit noch einmal ein radikales Unterordnungsmodell zu etablieren versuchten. Vor allem aber gab es die Erben der schon um 340 erkennbaren Mittelgruppe, die zwischen den Homoousianern und den Homöern stand. Dies waren nun die „Homoiousianer", die nicht das Verhältnis von Vater und Sohn ähnlich nannten, sondern ihr Wesen. Sie gingen also nicht den Weg der Homoousianer, da auch sie die Ausage, das Wesen von Vater und Sohn sei gleich, für modalistisch hielten.

Westreich

Nachdem Constantius II. im Jahre 353 auch die Herrschaft über den Westteil des Reiches errungen hatte, wollte er dort ebenfalls Theologie und Kirche auf seine Linie einschwören. Im Westen hatte Athanasius starken Rückhalt. Hier, nämlich in Trier und Rom, hatte er seine ersten beiden Exile verbracht, hier stand man in der trinitätstheologischen Tradition Tertullians. Schließlich sollte Ambrosius von Mailand (333–397) zum Vorkämpfer gegen den arianischen Einfluss im Westen werden. Er war hier der einflussreichste Kirchenführer: Ursprünglich in staatlichen Diensten stehend, war er 374, ohne die kirchlichen Weihestufen zu durchlaufen, zum Bischof von Mailand gewählt worden, das Rom als Kaiserresidenz abgelöst hatte. Constantius II. aber erzwang die Verurteilung des Athanasius auf westlichen Synoden in Arles (353) und Mailand (355). Widerspenstige unter den westlichen Bischöfen wie Hilarius von Poitiers (um 315–367) schickte er ins Exil in den Osten, wo sie die arianische, also homöische oder anhomöische Position erst richtig kennenlernten.

Kappadokier

Die Politik Kaiser Constantius' II. scheiterte. 361 starb er; sein Nachfolger Julian versuchte die innerkirchlichen Konflikte für seine Politik zu nutzen. Er ließ alle verbannten Bischöfe, unter ihnen auch Athanasius, frei, um das Christentum und die Kirche zu schwächen. Athanasius aber berief eine Synode ein, die 362 in Alexandria tagte und auf der es zu einer Verständigung von Homoousianern und Homoiousianern auf der Grundlage des Nicaenischen Bekenntnisses kam. Nach Julians baldigem Tod übernahmen dann Theologen in Kleinasien die Initiative: Die drei Kappadokier Gregor von Nyssa (um 330 – nach 394), Gregor von Nazianz (329–390) und Basilius von Caesarea (329–379) entwickelten eine Trinitätslehre, die der Tertullians nicht unähnlich war: Vater, Sohn und Heiliger Geist wurden beschrieben als drei „Hypostasen" (Tertullian: Personen), die ein Wesen („ousia" – Tertullian: „substantia") waren.

Konstantinopel 381

Damit lief alles auf die Regelung der Konflikte auf dem II. Ökumenischen Konzil von Konstantinopel im Jahre 381 zu. Seit 379 herrschte Kaiser Theodosius der Große über das Gesamtreich, der energisch gegen den Arianismus vorging und die Theologie der kappadokischen Theologen stützte. So wurde 381 an das Konzil von Nicaea und dessen Bekenntnis angeknüpft: Das „homoousios" wurde bestätigt. Unterdessen hatte sich ein ganz neuer Konfliktherd entwickelt. Die Stellung des Heiligen Geistes war bisher kein Problem gewesen, doch im Zuge der Tendenz, den Sohn dem Vater unterzuordnen, war der Geist immer deutlicher dem Sohn untergeordnet und seine Göttlichkeit bestritten worden. Die „Pneumatomachen", also die Bestreiter einer göttlichen Stellung des Heiligen Geistes, nannten diesen ein Werkzeug Gottes und führten dafür alttestamentliche Belege an. Zwar konnten sich auch die kappadokischen Theologen nicht dazu entschließen, den Begriff „homoousios" auf den Heiligen Geist auszudehnen, doch maßen sie diesem gleiche Verehrung wie Vater und Sohn und eine gleichberechtigte Stellung in der Trinität zu. Während das Bekenntnis von Nicaea mit dem Satz endete „Wir glauben an den Heiligen Geist", wurden nun Formulierungen ergänzt, in deren Mittelpunkt die mit Vater und Sohn gleichrangige Anbetung und Verherrlichung des Heiligen Geistes stand.

2. Der Streit um die Zweinaturenlehre und die Konzilien von 431 und 451

Apollinaris

Zu der Zeit, als die Trinitätslehre auch im Osten des Reiches eine nachhaltige Definition bekam, bahnte sich schon der nächste Konflikt an. Theologen wie Athanasius hatten die Gottheit des Logos, der in Jesus Christus Mensch geworden war, gegen die Vertreter des Arianismus stark hervorgehoben. Die Menschheit Jesu Christi fand demgegenüber wenig Aufmerksamkeit. Von einem Schüler des Athanasius wurde diese alexandrinische Tendenz radikalisiert: Apollinaris von Laodicea (um 310–390) sah die Menschheit Jesu Christi nicht als eigenständig an: Christus sei der „Gott im Fleisch". Apollinaris wurde nachgesagt, er habe behauptet, Jesus habe seinen Leib vom Himmel mitgebracht.

Antiochener

Die Frage war nun, wie die Menschheit Jesus Christi, seine menschliche Natur, aufzufassen sei. War sie wie im älteren Doketismus nur scheinbar vorhanden oder jedenfalls zweitrangig? Dies bestritten die Gegner des Apollinaris, die in Syrien in der Umgebung von Antiochia zu Hause waren. Sie gingen davon aus, dass sich der ewige Logos nicht nur mit menschlichem Fleisch als einem Anhängsel, sondern mit einem ganzen Menschen mit Leib und Seele verbunden habe. Jesus Christus hatte also auch einen menschlichen Willen, der sich aber gehorsam dem Willen des Logos unterordnete. Vertreter dieser Position waren Theodor von Mopsuestia (um 350–428), Diodor von Tarsus (gest. 392) und vor allem Nestorius (um 380 - um 450), der Presbyter in Antiochia gewesen und 428 Bischof von Konstantinopel geworden war.

Alexandriner

Die alexandrinische und die antiochenisch-syrische Position prallten um 430 aufeinander. Kyrill (gest. 444), der Bischof von Alexandria, hatte von den Lehren des Nestorius Kenntnis erhalten und griff diesen scharf an: Nestorius, sein Vorwurf, spalte Jesus Christus in Gottheit und Menschheit. Kyrill betonte ihm gegenüber die „natürliche Einung“ beider Naturen, übernahm Aussagen des Apollinaris und sprach von der „einen menschgewordenen Natur des Gott-Logos“. Tatsächlich wurde von Nestorius und seinen Vorgängern die Einheit von Gottheit und Menschheit in der Person Jesu Christi nur schwach dargestellt – dies war der Preis für die Annahme einer vollständigen Menschheit Jesu Christi. Andererseits ließ die Position Kyrills nach der Vollständigkeit der menschlichen Natur Jesu Christi fragen.

Ephesus 431

Kyrill ließ Nestorius 430 auf einer Synode in Alexandria in zwölf Verfluchungen (Anathematismen) verurteilen. Diese „Zwölf Anathematismen“ waren und blieben ein Schlüsseldokument für die alexandrinische Position. Der Kaiser, Theodosius II. (401–450), versuchte den Konflikt zu lösen und griff auf das bewährte Mittel eines Konzils zurück. Dieses, das später als III. Ökumenisches Konzil gezählt wurde, wurde 431 in Ephesus abgehalten. Statt zu einer Lösung führte es allerdings zu einer Verschärfung des Konflikts. Die Vertreter der beiden Parteien verwarfen sich gegenseitig. Der Kaiser erzwang eine Verurteilung des Nestorius, der fortan von der Bühne der Auseinandersetzungen verschwand. Kyrill sollte stillhalten, doch er tat alles andere als das.

Eutyches Immerhin kam es 433 noch einmal zu einem Einigungsversuch. Entscheidend beteiligt daran waren Bischof Johannes von Antiochia (gest. 441) und der Kirchenhistoriker Theodoret von Kyrrhos (393 – um 460), beide Vertreter der antiochenisch-syrischen Position. Die „Union" von 433 beinhaltete im Wesentlichen eine Annäherung der Syrer an Kyrill, sie hatte aber keine langfristige Bedeutung. Die Streitigkeiten eskalierten wieder, als sich am Ende der 40er-Jahre in Konstantinopel der Mönch Eutyches (um 380 – um 450) zu Wort meldete, der meinte, Kyrill dahingehend verstehen zu können, dass die zwei Naturen von Göttlichkeit und Menschlichkeit Jesu Christi durch seine Menschwerdung zu einer verschmolzen waren. Kaiser Theodosius II. stellte sich hinter diese Auffassung und ließ sie 449 auf einer Synode in Ephesus bestätigen. Anwesende römische Vertreter sprachen nach ihrer Rückkehr in den Westen von einem „latrocinium", einer „Räubersynode".

Leo Die Favorisierung der Position des Eutyches hatte nicht lange Bestand: 450 starb Theodosius II., und sein Nachfolger Markian (um 390 – 457) schlug einen ganz anderen Kurs ein. Er stellte sich gegen Eutyches und wollte mit einem weiteren Konzil eine Lösung herbeiführen. Inzwischen hatte auch der Westen klar Stellung bezogen: Leo der Große (um 400–461), der Bischof von Rom, hatte seinem Amtskollegen Flavian von Konstantinopel (gest. 449) ein Lehrschreiben übersandt, in dem er die westliche Tradition darstellte: Gottheit und Menschheit sind vollständig vorhanden, sie geben einander aber in einer „Communicatio idiomatum" Anteil an ihren Eigenschaften (griechisch: idiomata) und bilden gemeinsam eine Person. So kann Christus einerseits Wunder tun und auferstehen, andererseits essen und trinken und leiden.

Chalkedon 451 451 fand das später als IV. Ökumenisches gezählte Konzil in Chalkedon auf der Konstantinopel gegenüberliegenden Seite des Bosporus statt. Eutyches wurde ebenso verurteilt wie die syrische Position. Man sah sich in einer Tradition mit dem Bekenntnis von Nicaea (gemeint war das von Konstantinopel), das man weiter auslegen wollte. Das Verhältnis von göttlicher und menschlicher Natur in Jesus Christus wurde nun mit den Begriffspaaren „unvermischt und unverwandelt“ und „ungetrennt und ungeschieden“ umschrieben. Diese Negativdefinitionen richteten sich gegen Eutyches auf der einen und die Syrer auf der anderen Seite.

3. Der weitere Konflikt um die Zweinaturenlehre

„Monophysiten“

Mit dem Konzil von Chalkedon waren die Konflikte nicht beseitigt. In Rom und Konstantinopel konnte man zufrieden sein, doch als die Teilnehmer aus Ägypten und Palästina in ihre von der Theologie Kyrills beeinflussten Gemeinden zurückkehrten, wurden sie als Verräter und Anhänger des Nestorius beschimpft. Die Opposition gegen die Formel von Chalkedon war massiv und führte zu einer Kirchenspaltung: Während oftmals Bischöfe von Konstantinopel aus eingesetzt wurden, die Chalkedon anhingen, gab es zugleich Bischöfe, die im Geiste Kyrills lehrten. Seit dem 6. Jahrhundert galten sie als „Monophysiten“, obwohl sie anders als Eutyches keine Verschmelzung der Naturen propagierten. Die oströmische und bald byzantinisch zu nennende Politik schwankte zwischen gewaltsamer Unterdrückung und Kompromissen. Langfristig etablierten sich nun „orientalisch-orthodoxe“ Kirchen, von denen die koptische in Ägypten die bekannteste wurde.

Henotikon

Der erste Versuch eines Kompromisses war im Jahre 482 eine „Einigungsformel“, nämlich das vom Konstantinopler Patriarchen Acacius (gest. 489) konzipierte „Henotikon“, mit dem sich die byzantinische Kirchenpolitik den Anhängern Kyrills annähern wollte. Die Beschlüsse von Chalkedon wurden damit faktisch außer Kraft gesetzt. Die Zeit war günstig, denn in Alexandria, wo es zwei konkurrierende Bischöfe (also ihrer Stellung nach Patriarchen) gegeben hatte, amtierte durch den Tod des anderen nur noch einer, der jetzt von beiden Parteien anerkannt werden konnte.

Akakianisches Schisma

Die Verdrängung der Beschlüsse von Chalkedon durch das Henotikon war wiederum der Grund für den römischen Bischof Felix II. (gest. 492), 484 dem Patriarchen Acacius die kirchliche Gemeinschaft aufzukündigen. Dieses „Akakianische Schisma“ hielt an, bis die oströmisch-byzantinische Seite 519 wieder auf eine rigide Politik gegenüber den Anhängern der Theologie Kyrills einschwenkte. Sichtbar war nun aber, dass die Kirchen im Westen, im byzantinischen Kerngebiet und in den östlichen Gebieten des Reiches auseinanderdrifteten.

„Nestorianer“

In Syrien hatten sich unterdessen dramatische Entwicklungen vollzogen: Die Anhänger Kyrills gewannen hier durch die Rückendeckung der kaiserlichen Kompromisspolitik die Oberhand gegenüber den Vertretern der ursprünglichen, von Diodor, Theodor und Nestorius repräsentierten Theologie. Diese als „Nestorianer“ beschimpften Christen zogen sich weiter in den Osten des Reiches zurück; die meisten von ihnen wurden dann im Sasanidenreich heimisch, das ihnen auch nicht wohlgesonnen war, aber sie nicht den Zwängen christlicher Religionspolitik unterwarf. Daraus entwickelte sich langfristig die „Apostolische Kirche des Ostens“.

Kontrollfragen:

Kontrollfragen

1. Worum ging es im Arianischen Streit und wie verlief er?
2. Worum ging es im Streit um die Zweinaturenlehre und wie verlief er?

2.5 Augustinus

zeitliche Einordnung

Zur gleichen Zeit, als im Osten des Reiches die Streitigkeiten um die Zweinaturenlehre tobten, wirkte in Nordafrika der bedeutendste lateinische Theologe, Augustinus.

1. Augustinus’ Weg zur Taufe

Manichäismus

Augustinus wurde in der nordafrikanischen Stadt Thagaste geboren. Seine Mutter Monica war Christin, nicht aber der Vater. Augustinus war ein ambitionierter junger Intellektueller, der im Christentum einstweilen keine geistige Herausforderung fand. Diese stellten für ihn vielmehr Cicero und der Neuplatonismus dar, vor allem aber über lange Jahre der Manichäismus, der von einem guten und einem bösen Gott wusste und von ewigen Lichtfunken, die in der finsteren Materie des Leibes eingeschlossen waren. Das Böse ließ sich so mit der Existenz eines bösen Gottes und der Wirkung der bösen Materie erklären.

„Bekehrung"

Nach langen Jahren brach Augustinus mit dem Manichäismus, der doch nicht hielt, was er versprach. Als er 384 als Lehrer der Rhetorik nach Mailand kam, lernte er dort Bischof Ambrosius kennen, einen Mann, der ihm imponierte und dessen an die allegorische Methode angelehnten Predigten ihm tiefere Dimensionen des Bibeltextes erschlossen. Nach intensivem Nachdenken und einer Art Bekehrungserlebnis in einem Garten, bei dem eine Bibelstelle aus dem Römerbrief eine Rolle spielte (Röm 13,13), entschloss er sich zur Taufe, die er zu Ostern 387 durch Ambrosius empfing.

2. Grundzüge der Theologie des Augustinus

Confessiones

Der Theologe Augustinus lässt sich am ehesten an den Schwerpunkten einzelner von ihm verfasster Werke darstellen. Schon seine „Bekenntnisse" (Confessiones) sind ein theologisches Werk, auch wenn sie sich als Autobiografie geben und alle wesentlichen Informationen aus Augustinus' Leben vor seiner Taufe enthalten. Augustinus verfasste diese „Bekenntnisse" aber erst rund zehn Jahre nach seiner Taufe, als er Bischof von Hippo Rhegius in seiner nordafrikanischen Heimat geworden war, und sie sind somit auch als eine Art Rechenschaftsbericht zu lesen: Augustinus macht hier glaubhaft, dass er mit dem Manichäismus gebrochen hatte. Außerdem lassen die „Confessiones" zentrale Motive der Theologie ihres Autors anklingen, die später weiterentwickelt werden: Hierzu zählt die Erkenntnis der Macht der Sünde, aus der nur die Gnade Gottes retten kann, hierzu zählen aber auch Überlegungen zum Thema Zeit und Ewigkeit.

De Civitate Dei

Zu den Werken des Augustinus, die die weitere Theologie- und Literaturgeschichte nachhaltig beeinflussten, gehört sein Werk vom „Gottesstaat" (De Civitate Dei). Mit der Abfassung begann er, nachdem die Goten im Jahre 410 Rom kurzzeitig erobert und geplündert hatten. So ist der ursprüngliche Sinn des Werkes ein apologetischer: Die Geschichtsmächtigkeit des christlichen Gottes soll gegen heidnische Vorwürfe erwiesen werden. In den folgenden Jahren – und Augustinus schrieb bis 426 an diesem Werk – änderte sich sein theologisches Anliegen. Jetzt ging es darum, den Sinn der Weltgeschichte, ihrer Anfänge, ihres weiteren Verlaufs und ihres Endes, zu erhellen: Die Menschen aller Zeiten gehören zu zwei „Civitates", also „Bürgerschaften", nämlich der irdischen (Civitas terrena) oder der Gottes (Civitas Dei). Gott hatte nämlich beschlossen, die Reihen der einmal abgefallenen und für die Ewigkeit vorgesehenen Engel mit Menschen aufzufüllen. Diese sind von Gott vorherbestimmt (prädestiniert), sie sind aber nicht identifizierbar. Somit ist die Bürgerschaft Gottes auch nicht mit der Kirche identisch und ebenso wenig die irdische Bürgerschaft mit dem Römischen Reich. Anders als Theologen späterer Zeiten war Augustinus noch nicht an einer historischen Konkretion seines Modells gelegen und auch nicht an der Beantwortung der Frage, was mit den Menschen sei, die nicht für Gottes Ewigkeit vorherbestimmt seien. Vielmehr war er daran interessiert, die menschliche Sehnsucht auf jene Ewigkeit und auf die Schau Gottes in ihr auszurichten.

Sünde/ freier Wille

Mit der Zeit entwickelte sich Augustinus' Lehre von der Sünde des Menschen und der Gnade Gottes in Aufnahme der Theologie des Paulus zu einem Zentrum westlicher Theologie. Die Frage nach der Herkunft des Bösen beantwortete Augustinus nun nicht mehr im manichäischen Sinne, sondern dahingehend, dass jeder Mensch am Sündenfall Adams und Evas Anteil habe. Diese Ur- oder Erbsünde ist unausweichlich und kann vom Menschen mit seinen Willenskräften nicht überwunden werden, sondern nur durch die Gnade Gottes. Diese Auffassung profilierte Augustinus gegenüber den Anhängern des Pelagius (um 350 – nach 418). Für das Wirken der Gnade ist aber die Taufe unabdingbar. Augustinus entwickelte auch die Trinitätslehre des Westens weiter: Indem er die trinitarischen Beziehungen untereinander betonte, unterlief er die bei Tertullian zu findende Tendenz zur Unterordnung.

Kontrollfragen:

Kontrollfragen

1. Skizzieren Sie Augustinus' Lebensweg.
2. Nennen Sie Grundzüge der Theologie Augustinus'.

3. Das Mittelalter

Begriffsbestimmung

Das Mittelalter war nicht finster und nicht nur eine Verfallszeit. Andererseits lässt sich nicht ausblenden, dass die zivilisatorische Höhe des Römischen Imperiums über Jahrhunderte nicht wieder erreicht wurde und dass – jedenfalls aus evangelischer Sicht – mit der Reformation ein tiefer und notwendiger Bruch mit mittelalterlichen Entwicklungen einherging. Insofern tut man den Erfindern des Begriffes „Mittelalter" nicht ganz unrecht, die seit dem 17. Jahrhundert in der Renaissance, im Humanismus und in der Reformation die Wiedergeburt einer verloren geglaubten Kultur sahen. Dass eine rund 1000 Jahre umfassende Zeitspanne nicht mit einem einzigen Epochenbegriff, der sie zudem noch als Zwischenzeit qualifiziert, charakterisiert werden kann, ist heute ebenso unstrittig wie die Feststellung, dass der Epochenbegriff nur für Westeuropa tauglich ist. Differenzierungen der Epoche in Früh-, Hoch- und Spätmittelalter sind allerdings auch nur eingeschränkt aussagekräftig.

3.1 Die Christianisierung der Germanen

Romanisierung/Christianisierung

Augustinus reagierte mit seinem Werk vom „Gottesstaat" auf die Plünderung Roms durch die Westgoten: Diese waren von den Römern an der Donaugrenze angesiedelt und zu Hilfsdiensten verpflichtet worden. Sie waren durch einen eigenen Bischof, Wulfila (um 311–383), teilweise missioniert worden, wenn auch im Sinne der „arianischen", also homöischen Politik des Kaisers Constantius II. Die Annahme des Christentums war Teil eines Inkulturationsprozesses, den auch die anderen Germanenvölker erleben sollten: Romanisierung im Sinne einer Übernahme römischer Kultur und Christianisierung gingen Hand in Hand, wenn sich auch Kultur wie Religion bei den Germanen in eigener Weise weiterentwickelten. Nachhaltige Wirkung hatte die Entscheidung des fränkischen Königs Chlodwig (gest. 511), sich bei seiner um 500 erfolgten Taufe dem nacharianischen Trinitätsdogma, also der orthodoxen oder „katholischen" Fassung des christlichen Glaubens zuzuwenden. Eine ähnliche Signalwirkung hatte der Übergang der nach längeren Wanderungen in Spanien ansässig gewordenen Westgoten vom arianischen zum „katholischen" Bekenntnis im Jahre 589. Die treibende Kraft dabei war König Rekkared (gest. 601), der diesen Schritt auf einem Landeskonzil in der Hauptstadt Toledo beschließen ließ. Ein Anschluss an die römische Kirche war damit noch lange nicht gegeben, vielmehr war der Bischof von Toledo das Oberhaupt der westgotisch-spanischen „Landeskirche".

1. Das Frühmittelalter: Bewahrung und Verlust

Transformation

Die Rede von einer Zeit der „Völkerwanderung", die das Römische Imperium im Westen hinwegfegte, entstammt der Gedankenwelt des 19. Jahrhunderts. Vielmehr ist die vom 5. bis zum 9. Jahrhundert anzusetzende Zeit des „Frühmittelalters" eine Epoche der Transformation, in der vieles verloren ging, vieles aber auch bewahrt und zu neuen Zwecken umgeformt wurde. So ist es nicht erstaunlich, dass die neuen Herrscher ihre römischen Vorgänger imitierten, sich rex nannten und ihre Herrschaft auf die alten römischen Eliten stützten, solange sie sie brauchten. Diese Eliten lieferten dann auch eine Geschichtsschreibung, in der sich die römische Geschichte bruchlos in die Gegenwart fortsetzte. Ein Beispiel dafür ist die Historia Francorum des Gregor von Tours (538/39–594).

Kulturverlust

Die alten Römerstädte waren Zivilisationsinseln, die Kulturträger in ihnen waren die christlichen Bischöfe. So blieb es auch beim Lateinischen als Kultur- und Kirchensprache. Zugleich waren diese Prozesse mit großen Verlusten verbunden: Das Gefüge des Weströmischen Reiches war zerstört, neue Reiche etablierten sich. Die Städte entvölkerten sich, da die Menschen nach dem Zerfall der Infrastruktur eine neue Existenzgrundlage finden mussten, sodass selbst Rom nur noch wenige Tausend Einwohner hatte. Teile der antiken Kultur und Literatur gingen verloren; davon war nicht nur die vorchristliche Literatur betroffen.

2. *Karl der Große*

König und Papst

Das in den Jahrhunderten nach Chlodwig von inneren Zerwürfnissen erschütterte Frankenreich war erst in der Mitte des 8. Jahrhunderts wieder zur Ruhe gekommen. Die Dynastie der Merowinger hatte die Herrschaft in einer schleichenden Machtübernahme an die Vorfahren Karls des Großen (747–814) abgeben müssen. Karls Vater Pippin (714–768) hatte seit 747 mit königlichem Anspruch regiert, bedurfte dafür aber noch einer sakralen Legitimation. Mit diesem Bedürfnis kam er dem Bestreben der römischen Bischöfe entgegen, ihre eigene Stellung über Italien hinaus aufzuwerten. Papst Zacharias (um 679–752) hatte Pippin schon als König anerkannt, doch kam das Bündnis erst voll zum Tragen, als Pippin Zacharias' Nachfolger, Stephan II. (gest. 757), militärische Hilfe gegen die Langobarden anbot, die inzwischen die Ostgoten und Byzantiner in Norditalien abgelöst hatten und auch gerne Rom unter ihre Kontrolle gebracht hätten. Besiegelt wurde das Bündnis durch einen Besuch Stephans II. im Frankenreich im Jahre 754: In der Königspfalz Ponthion versprach Pippin dem heiligen Petrus, also dem Papst, militärische Hilfe. Zugleich bekundete er seine Demut durch einen Kniefall und den „Stratordienst", bei dem er das Pferd des Papstes ein Stück am Zügel führte. Bei einem weiteren Treffen in Quierzy machte Pippin Versprechungen im Blick auf Gebietsübertragungen an den Papst.

Konstantinische Schenkung

Umgesetzt wurde das Bündnis zwischen fränkischem Königtum und Papsttum erst durch Karl den Großen: Er schlug die Langobarden, eroberte ihre Hauptstadt Pavia und nannte sich fortan Rex Francorum et Langobardorum. Karl setzte auch das Versprechen der Gebietsübertragungen um, sodass der Grundstein für den Kirchenstaat in Mittelitalien gelegt war. Die realen Schenkungen inspirierten dann das Constitutum Constantini, ein Dokument, das sie bis ins Fiktionale ausweitete und behauptete, schon Kaiser Konstantin habe Papst Silvester (gest. 335) Schenkungen gemacht, die den ganzen Westen des Reiches umfasst hätten. Diese „Konstantinische Schenkung" wurde schon von mittelalterlichen Zeitgenossen kaum ernst genommen. Karl der Große sah den Papst durchaus in einer von ihm abhängigen Rolle. So nannte er sich Patricius Romanorum und konnte sich seit seiner Kaiserkrönung im Jahre 800 als Nachfolger der weströmischen Herrscher verstehen.

Mission Karl betrieb eine Expansionspolitik, die auf Sachsen (im heutigen Niedersachsen), aber auch auf Bayern und das östlich von Salzburg und Passau gelegene Gebiet ausgriff. Die Sachsen unterwarfen sich ebenso der Herrschaft Karls wie dem Christentum, das sie zuvor schon auf friedlichem Wege kennengelernt hatten. Während die Bayern bereits christianisiert waren, sollten vom Erzbistum Salzburg aus die Gebiete im heutigen Österreich missioniert werden.

Kirchenreform Karl stellte sich zudem die Aufgabe, die kirchlichen Verhältnisse und damit auch die des Bildungswesens und der Verwaltung auf feste Grundlagen zu stellen. 789 machte er mit seiner Admonitio generalis ein Reformprogramm verbindlich, das den Bischöfen eine wichtige Stellung zuwies: Sie sollten sich um das kirchliche Leben in ihren Diözesen kümmern, also die Gemeinden und somit auch die Priester visitieren. Ein wesentlicher Bestandteil der Kirchenreform war die Vereinheitlichung der Liturgie nach römischem Vorbild. Dass manches seit der Spätantike aus den Fugen geraten war, sah man schon in dieser Zeit, und dies betraf im kirchlichen Bereich nicht zuletzt den Text der „Vulgata", der lateinischen Bibelübersetzung also. Ohne die Hinzuziehung von Gelehrten wären solche Arbeiten nicht möglich gewesen. Darum wurden kompetente Männer an Karls Hof berufen. Zu ihnen zählte der aus England stammende Alkuin (735–804), der auf der Grundlage der antiken christlichen Traditionen theologische Arbeiten verfasste und sich um die Revision des Vulgata-Textes verdient machte. Einhard wiederum (um 770 – 840) war nicht nur Hofbaumeister, sondern auch der Biograf Karls des Großen. Diese und andere Männer trugen zur „Karolingischen Renaissance" bei, die zu einer Erneuerung der lateinischen Sprache und Literatur und zu einem Aufschwung der Architektur führte. Auch wenn nur wenige Bauten aus dieser Zeit erhalten sind, stehen sie doch für eine programmatische Anknüpfung an antike Vorbilder.

Kontrollfragen:

Kontrollfragen

1. Problematisieren Sie den Begriff „Völkerwanderung".
2. Worin liegt die kirchengeschichtliche Bedeutung Karls des Großen?

3.2 Das Werden des christlichen Europas

Papsttum

Die teilweise auf dem Gebiet des untergegangenen Weströmischen Reiches liegenden germanischen Staaten organisierten das Kirchenwesen in ihrem Inneren selbst. Erst das Bündnis zwischen Pippin und Stephan II. brachte den Römischen Bischof in eine Position, aus der heraus er als „Papst", also kirchliches Oberhaupt des Westens, angesehen werden konnte. Nach Leo dem Großen war es seit 590 Gregor der Große (um 540–604), der päpstliche Vollmacht zur Darstellung brachte. Gregors Einflussbereich war angesichts der politischen Fragmentierung Europas in die einzelnen Germanenreiche auf Italien beschränkt, doch versuchte er diesen insofern auszuweiten, als er Kontakte in die einzelnen Landeskirchen hinein suchte und auch Missionare nach England schickte. Die römische Liturgie erwies sich in den folgenden Jahrzehnten als erfolgreicher Exportartikel. Ein noch wesentlicherer Faktor als das Papsttum, das noch lange brauchte, um sich als europaweit anerkannte Größe zu etablieren, war das Mönchtum, das sich über alle Grenzen hinweg ausbreitete und organisierte. Durch die Mission wiederum weitete sich das christliche Europa nach Norden und Osten aus.

1. Das Mönchtum

Benedikt von Nursia

Mit Ausnahme der von Pachomius gegründeten Gemeinschaft waren asketische Gruppen keine Orden im späteren Sinne eines unter einer gemeinsamen Regel stehenden Klosterverbandes. Zwar lebten die antiken monastischen Gemeinschaften nach den Maßstäben einer Regel, doch fehlte es an organisatorischer Stabilität. Dabei war das spätantike Klosterleben auch in Westeuropa recht lebendig; dafür zeugen unter anderem Gründungen durch Martin von Tours oder Johannes Cassian (um 360– um 435) in Gallien. Nachhaltiger als manche Klostergründung waren schriftlich fixierte Klosterregeln. Zu diesen zählt die von einem unbekannten Verfasser stammende „Magisterregel" (Regula Magistri). Sie war die literarische Grundlage der bedeutendsten Mönchsregel überhaupt, denn sie wurde von Benedikt von Nursia (um 480 – um 550) überarbeitet und auf seine Anschauungen hin zugeschnitten. Obwohl für Benedikt der Gehorsam gegenüber dem Klosterabt eine große Rolle spielte, lag ihm andererseits doch daran, nicht allzu starre Vorgaben für das Klosterleben zu machen. Vielmehr galt es, das rechte Maß zu finden und die Klosterbrüder nicht zu überfordern. Das Kloster sollte eine „Schule des Herrendienstes" sein und dafür anders als das Eremitendasein ein geregeltes Leben bieten, das durch Stundengebete, aber auch durch Arbeit strukturiert sein sollte: Das Motto „Bete und arbeite" (ora et labora) wurde den Benediktinern später gerne zugeschrieben.

Benediktsregel

Benedikt gründete ein einzelnes Kloster auf dem Monte Cassino. Er wäre womöglich einer der vielen vergessenen Klostergründer geworden, wenn ihm Gregor der Große nicht in einer Sammlung von Biografien – die eher Hagiografien sind – ein Denkmal gesetzt hätte. Zugleich fand die Regel Benedikts auch in anderen Klöstern Verwendung, meistens in Kombination mit anderen Vorschriften, also als „Mischregel". Erst in der Karolingischen Renaissance fand der authentische Text wieder Beachtung. Die Benediktsregel wurde nun zur Norm für das Klosterwesen im Karolingerreich und zur Grundlage für eine Klosterreform. Entscheidenden Anteil daran hatte Benedikt von Aniane (um 750–821).

Cluny

Der Geist der Benediktsregel inspirierte immer wieder Reformbewegungen, wie sie durch die Cluniazenser und die Zisterzienser verkörpert werden: Das Kloster Cluny wurde 910 durch Herzog Wilhelm I. von Aquitanien (gest. 918) gegründet und direkt dem Papst unterstellt. Äbte wie Odilo (961/62–1049) und Hugo (1024–1109) prägten das Kloster, dessen Vorbild sich andere anschlossen. In Deutschland stand besonders das Kloster Hirsau unter cluniazensischem Einfluss. Durch Stiftungen wuchs der Reichtum des Mutterklosters an, sodass schließlich eine gewaltige Klosterkirche errichtet wurde. Eine wichtige

Funktion hatte Cluny wegen der Pflege des liturgischen Totengedächtnisses durch Totenmessen in der Klosterkirche. In diesem Zusammenhang steht die Einführung des Allerseelentages durch Abt Odilo. Genauso unaufhaltsam wie der Aufstieg von Cluny war dann aber auch sein Niedergang.

Zisterzienser

Unterdessen war vom burgundischen Kloster Cîteaux zu Beginn des 12. Jahrhunderts eine neue Reformbewegung ausgegangen, der sich durch Gründungen von Tochterklöstern ebenfalls ein wachsender Klosterverband anschloss. Die bedeutendste dieser Klostergründungen war die von Clairvaux im Jahre 1115. Der Gründer – Bernhard von Clairvaux (1090/91–1153) – betätigte sich als Prediger und Autor theologischer Werke, die vor allem auf das geistliche Leben bezogen waren. Die einfach gehaltenen Zisterzienserklöster lagen meistens in abgelegenen Gebieten; hierdurch sollte das benediktinische und zugleich asketische Ideal von Gebet und Arbeit besonders zur Geltung kommen.

Eremiten

Einen eigenen Weg gingen die Eremiten und Wanderprediger, die seit dem 12. Jahrhundert wie so viele asketisch gesonnene Menschen das Ideal apostolischer Armut umzusetzen versuchten. Allerdings galt die Volkspredigt auch als verdächtig: So musste sich Robert von Arbrissel (1045–1116) gegen Anklagen aus dem Klerus wehren und wurde darum zum Klostergründer. Einen Kompromiss zwischen eremitischer und klösterlicher Lebensweise, bei dem sich die Kontakte der Mönche und Nonnen auf die Gottesdienste beschränkten, stellten die Kamaldulenser mit ihrem Mutterkloster Camaldoli und die Kartäuser dar.

Asketinnen

Viele Orden bildeten einen weiblichen Zweig aus. So gründete Clara von Assisi (1193/94–1253) die Clarissen und wurde zum Oberhaupt dieser für Frauen gedachten Variante der Franziskaner. Wie die Franziskaner wurden auch die Clarissen einer kirchlichen Normierung unterzogen. In ähnlicher Tendenz wurden die Beginen, in städtischen Wohn- und Arbeitsgemeinschaften lebende Frauen, im 13. Jahrhundert zunehmend unter kirchliche und klösterliche Kontrolle gebracht, da man ihre Lebensweise und ihre autonome Frömmigkeitspflege, die häufig mystische Züge hatte, mit großem Argwohn betrachtete. Mystikerinnen, meistens Frauen von Stand und mit einer gewissen Bildung, meldeten sich in den Klöstern zu Wort. Hildegard von Bingen (1098–1179) machte nicht nur durch Visionen, sondern auch durch einen regen Briefwechsel auf sich aufmerksam.

Franziskaner/ Waldenser

Ebenfalls ein Versuch, an apostolische Ideale anzuknüpfen, war die Gründung der Bettelorden, die seit dem 13. Jahrhundert die Zisterzienser weithin ablösten. Franz von Assisi (1181/82–1226), kein Kleriker, sondern gelernter Kaufmann, wandte sich von seinem weltlichen Leben ab und dem Ideal apostolischer Armut zu. Sein Vorbild zog andere mit, und so entstand eine Gruppierung von Laien, die sich die Volkspredigt zur Aufgabe machte. Damit geriet sie in den Verdacht der Ketzerei, von dem sich Franz nur durch die Unterstellung unter den Papst reinigen konnte. Die Franziskaner hatten hierin mehr Glück als die zeitgleichen Waldenser: Ihr aus einer in Lyon ansässigen Kaufmannsfamilie stammender Gründer, der erst später mit dem Beinamen Petrus benannte Waldes (gest. um 1210), konnte eine solche Anerkennung nicht erlangen. Aus der franziskanischen Bewegung wurde ein kirchlich anerkannter Orden, der sich innerhalb kurzer Zeit über Europa ausbreitete. In den mittelalterlichen Städten spielten die Franziskaner fortan eine wichtige Rolle bei der Volkspredigt und der Seelsorge und auch bei der Verkirchlichung der „Armutsbewegung".

Dominikaner

Anders als Franziskus war der Spanier Dominikus (um 1170–1221) studierter Theologe und geweihter Priester. Anfangs tat sich Dominikus in Südfrankreich mit Predigten gegen die Albigenser, eine mit den Katharern (siehe 3.5.2) eng verwandte Ketzerbewegung, hervor. Um ihnen den Rang abzulaufen, gründete Dominikus 1215 eine Bruderschaft, die vom Papst anerkannt wurde und sich zum Dominikanerorden entwickelte. Dieser machte sich häufig durch seine Beteiligung an der Inquisition einen Namen, brachte aber auch große Gelehrte hervor und machte sich wie die Franziskaner um die Volkspredigt verdient.

2. Die Missionierung Nord- und Osteuropas

Bonifatius

Das Christentum kam erst allmählich über die alten Grenzen des Römischen Imperiums hinaus. Das Gebiet östlich des Rheins und nördlich der Donau wurde im Frühmittelalter durch einzelne Missionare und auf friedlichem Wege für das Christentum gewonnen. Dabei spielten Männer aus Irland eine wichtige Rolle: Sie kamen aus Klöstern und machten es sich zur entsagungsvollen Aufgabe, in die Fremde zu gehen. Angelsächsische Missionare wiederum kamen aus einer Kirche auf den Kontinent, die sich 664 auf einer Synode in Whitby Rom unterstellt hatte – die Bemühungen Gregors des Großen hatten also Früchte getragen. Der bedeutendste unter diesen Männern war Winfried (um 675–754), der sich Bonifatius nannte und der in Thüringen und Friesland wirkte. Im Zuge der Missionsarbeit gründete Bonifatius mehrere Bischofssitze, darunter Erfurt, Würzburg, Salzburg und Passau. Vom Papst ließ er sich mit besonderen Vollmachten und dem Rang eines Erzbischofs ausstatten, wodurch er zum Oberhaupt des Kirchenwesens in den Missionsgebieten wurde.

Osteuropa

Bis um 800 breitete sich das Christentum an die Elbe aus. Unter Karls Sohn Ludwig dem Frommen (778–840) wurde das Erzbistum Hamburg gegründet. Von hier aus sollte Ansgar (801–865) die Missionierung des Nordens vorantreiben, die aber vorläufig ohne großen Erfolg blieb. Erst um das Jahr 1000 öffneten sich Dänemark und Skandinavien dem Christentum, und im 12. Jahrhundert konnte hier eine Bistumsorganisation errichtet werden. Zugleich trieben die deutschen Herrscher die Missionierung und Kolonisierung der Slawenstämme östlich der Elbe voran: Otto der Große gründete 968 das Erzbistum Magdeburg als Missionszentrale, von dem aus weitere Bistümer errichtet wurden, darunter Merseburg, Zeitz und Meißen. Allerdings hatte auch das vorerst keinen großen Erfolg. Immerhin konnte sich das westliche Christentum etwa zur gleichen Zeit in Ungarn und Polen verankern: Der polnische Herrscher Boleslaw Chrobry (967–1025) errichtete im Zuge eines Bündnisses mit Otto III. (980–1002) im Jahre 1000 ein Erzbistum in Gnesen, der ungarische König Stephan (969–1038), der mit Hilfe Ottos III. die Krone erlangt hatte, gründete 1001 das Erzbistum Gran. Unterdessen hatte das Christentum auch Böhmen erreicht: 973 wurde Prag Bischofssitz und dem Erzbistum Mainz unterstellt. Dänische und deutsche Missionare, nicht zuletzt aber der Deutsche Orden brachten das westliche Christentum auch ins Baltikum.

Byzantinische Mission

Zugleich breitete sich von Byzanz aus das orthodoxe Christentum nach Russland aus: 988 ließ sich Großfürst Wladimir (um 960–1015), das Oberhaupt der Kiewer Rus, anlässlich seiner Hochzeit mit einer byzantinischen Prinzessin taufen. Schon im 9. Jahrhundert war der Balkan christlich geworden, wobei es um die Missionierung erhebliche Konflikte zwischen Ost- und Westkirche gegeben hatte. Die Slawenapostel Kyrill (826/27–869) und Method (um 815–885) hatten zwischen beiden Seiten lavieren können, letztlich überwog aber der byzantinische, also ostkirchliche Einfluss.

3. Kaiser und Papst

Ottonen

Konflikte zwischen den deutschen Königen und Päpsten waren unumgänglich, da die Päpste nicht nur geistliche, sondern auf der Grundlage des Kirchenstaates auch weltliche Herrscher waren, die die Machtansprüche des Kaisers in Italien begrenzen wollten. Die Könige brauchten die Päpste, um die Kaiserwürde zu erlangen, und versuchten darum, Einfluss auf die Papstwahl zu gewinnen und die Politik der Päpste durch militärische „Romzüge" zu beeinflussen. Otto dem Großen (912–973) und seinen Nachfolgern lag daran, die Kirche in den Aufbau des Reiches einzupassen. Dazu erhielten die Bischöfe eine starke Stellung als Reichsfürsten, also als weltliche Herren. Ein ähnliches Modell schien für den Umgang mit dem Papst brauchbar zu sein. Im 10. Jahrhundert gelang es den Kaisern, die Frage der Wahl ihnen genehmer Päpste dahingehend zu lösen, dass sie diese faktisch selbst einsetzten. Der prominenteste dieser „deutschen" Päpste war der Bischof Suidger von Bamberg (1005–1047), der als Clemens II. nur von 1046 bis 1047 amtierte und als einziger Papst nördlich der Alpen, im Bamberger Dom, begraben liegt.

Investiturstreit

Im 11. Jahrhundert regte sich das Selbstbewusstsein der Päpste wieder. Das römische Kardinalskollegium pochte auf sein Wahlrecht und legte diesen Anspruch 1059 im „Papstwahldekret" nieder. Die treibenden Kräfte hierbei waren die Kardinäle Humbert von Silva Candida (um 1010–1061), der 1054 beim Bruch mit der Ostkirche eine wesentliche Rolle spielte (siehe 3.3.2) und Hildebrand, der spätere Papst Gregor VII. (um

1020–1085). Gregor VII., der von 1073 bis 1085 amtierte, stellte sein Programm 1075 im Dictatus Papae vor, in dem er den Päpsten das Recht vorbehielt, Bischöfe einzusetzen und in dem er die Unterstellung der weltlichen Gewalt (des Kaisers also) unter die geistliche behauptete. Einen konkreten Hintergrund stellten Streitigkeiten um die Besetzung des Mailänder Erzbischofsstuhls dar. König Heinrich IV. (1050–1106) reagierte im Januar 1076 mit der Einberufung einer Synode nach Worms, auf der Gregor VII. zur Abdankung aufgefordert wurde, da er sich anmaße, über Kaiser und Könige zu bestimmen, die doch nicht von ihm, sondern von Gott eingesetzt würden. Der päpstliche Anspruch, allein über die Besetzung von Bistümern entscheiden zu dürfen, musste sich zum politischen Problem entwickeln: Für den deutschen König bzw. Kaiser war die Loyalität der Reichsfürsten, auch die der geistlichen, von hohem Interesse. Gregor VII. antwortete schon im Februar 1076: Eine in Rom tagende Synode erklärte Heinrich IV. für exkommuniziert und abgesetzt und enthob die Reichsfürsten ihres Gehorsamseides. Die Fürsten gaben Heinrich ein Jahr Zeit, die Sache zu klären. So kam es im Januar 1077 zum „Canossagang" Heinrichs IV.: Während Gregor VII. auf der Reise zu einem Reichstag nach Augsburg war, auf dem das weitere Vorgehen geklärt werden sollte, reiste Heinrich ihm entgegen. Auf der Burg Canossa im Apennin kam es zum Treffen: Der Kaiser leistete Buße, und der Papst hob die Exkommunikation auf. Allerdings trieb der Papst ein Doppelspiel, unterstützte er doch zugleich den Gegenkönig Rudolf von Schwaben: Er setzte Heinrich nicht wieder in sein Amt ein und krönte ihn auch nicht zum Kaiser. Erst nach jahrelangen Kämpfen erlangte Heinrich IV. die Oberhand: 1080 fiel Rudolf von Schwaben im Kampf, 1084 eroberte der König Rom und brachte auch den schon 1080 von ihm ernannten Gegenpapst Clemens III. mit, der ihn dann zum Kaiser krönte.

Wormser Konkordat

Der Investiturstreit wurde durch diesen Sieg Heinrichs IV. nicht gelöst: Clemens III. blieb, was er war: Gegenpapst. Die Nachfolger Gregors VII. aber hielten an ihrem Selbstbewusstsein fest, wie sich an dem Kreuzzugsaufruf des von 1088 bis 1099 amtierenden Urban II. (um 1035–1099) zeigen sollte (siehe 3.3.3).

Heinrich IV. wiederum wurde 1105 von seinem eigenen Sohn Heinrich V. (1085–1125) zur Abdankung gezwungen. Allerdings setzte Heinrich V. gegen alle römischen Hoffnungen den Investiturstreit fort. Er ließ 1111 sogar den Papst, nämlich den seit 1099 amtierenden Paschalis II. (gest. 1118), festnehmen und erzwang von ihm etliche Zugeständnisse bei der Bischofseinsetzung sowie die Kaiserkrönung. Schließlich wollte er die Sache aus der Welt schaffen, da sie im Reich immer wieder für Unruhe sorgte. So kam es 1122 zum „Wormser Konkordat", einem für das Deutsche Reich geltenden Kompromiss: Der Kaiser verzichtete darin auf die Beteiligung an der Verleihung der geistlichen Rechte an die Bischöfe: Bischofsring und Bischofsstab sollten vom Papst bzw. einem seiner Legaten ausgehändigt werden. Dafür sollte der Kaiser nach der Wahl den Bischof mit den weltlichen Besitztümern und Rechten ausstatten und ihm dafür ein Szepter verleihen. Weltliche und geistliche Rechte wurden damit differenziert, aber nicht separiert, denn die Kaiser sahen sich weiterhin als für geistliche Belange zuständig an.

Kontrollfragen:

Kontrollfragen

1. Nennen Sie Klöster und Orden, die sich einer Reform des Mönchtums verschrieben haben.
2. Beschreiben Sie die Christianisierung Mitteleuropas.
3. Worum ging es im Investiturstreit?

3.3 Byzanz und der christliche Orient

kulturelle Differenz

Die in römischer Tradition stehenden Reiche und Kirchen Westeuropas und das Oströmische und seit dem Ende des Weströmischen Reiches auch byzantinisch zu nennende Imperium entwickelten sich auseinander. Sprache und Kultur, kirchliche Praxis und politische sowie theologische Eigenheiten, aber auch Konflikte um die Vorherrschaft in Südosteuropa und Süditalien verhinderten die Ausbildung einer gemeinsamen Identität.

1. Das Aufkommen des Islams

christlicher Orient

Das Oströmische und in seiner Nachfolge das Byzantinische Reich umfasste große Teile des Nahen Ostens, also das heutige

Ägypten, Israel, Jordanien, Syrien, die Türkei und Teile des Iraks. Städte wie Alexandria, Jerusalem, Antiochia und Damaskus waren Vorposten der christlich-römischen Zivilisation. Östlich der Grenze befand sich das Reich der Sasaniden. Die arabischen Stämme waren im Konfliktfall willkommene Hilfstruppen, spielten aber keine eigenständige Rolle. Dies sollte sich mit dem Aufkommen des Islams um 630 radikal ändern.

Monotheletismus

Mit der Expansion des Islams endeten letzte Versuche, den in der Tradition Kyrills stehenden „monophysitischen“ Christen im Orient durch Kompromisse entgegenzukommen: Im 6. Jahrhundert hatte dies Kaiser Justinian (um 482–565) im „Dreikapitelstreit“ versucht, indem er auf dem V. Ökumenischen Konzil im Jahre 553 drei Vertreter des „Nestorianismus“, nämlich Theodor von Mopsuestia, Theodoret von Kyrrhos und Ibas von Edessa (gest. 457) verurteilen ließ. Dies fruchtete aber ebenso wenig wie Versuche um das Jahr 630, mit der Rede von einer Energie (Monenergismus) oder einem Willen (Monotheletismus) in Christus den Anhängern der Theologie Kyrills näherzukommen. Dieser Kurs wurde auf dem VI. Ökumenischen Konzil endgültig revidiert, das 680/81 in Konstantinopel stattfand: Hier wurde beschlossen, dass in der Person Jesu Christi sehr wohl zwei Energien und zwei Willen seien. Damit wurde auch der Hauptgegner des Monotheletismus rehabilitiert, nämlich Maximus Confessor, also der „Bekenner“ (580–662). Im Gegenzug wurden die Vertreter des Monotheletismus verurteilt, unter denen der römische Bischof Honorius I. (gest. 638) gewesen war. Späteren Gegnern einer absoluten Vollmacht des Papstes war die „Honoriusfrage“ dann ein gerne genutzter Beleg dafür, dass auch Päpste irren können.

arabische Expansion

Die Expansion der arabischen Stämme unter Mohammed (um 570–632) und seinen Nachfolgern kam überraschend, wurde aber dadurch begünstigt, dass sich Byzantiner und Sasaniden in einem jahrzehntelangen Krieg erschöpft hatten. Dieser ging zwar 630 mit einem Sieg der Byzantiner zu Ende, doch mussten ihre Armeen schon wenige Jahre darauf die östlichen Reichsteile räumen. Die Bevölkerung dort blieb noch lange mehrheitlich christlich, damit häufig auch griechischsprachig und der er-

erbten Kultur verhaftet. Auch die arabisch-muslimische Kultur ahmte manches Römische nach, wie sich am „Felsendom" in Jerusalem erkennen lässt.

Christentum und Islam

Die Christen erlebten die Expansion des Islams häufig als Überfall, als „Razzia" auf Klöster oder Siedlungen, dann, nach der Sicherung der Herrschaft, auch als Gewährenlassen: Kirchen blieben in christlichem Besitz, gegen Zahlung von Steuern wurden Christen in relativer Ruhe gelassen. Wenn es allerdings gelegen kam, musste die Entziehung von Kirchen und ihre Umwandlung in Moscheen hingenommen werden. So wurde die Johanneskathedrale in Damaskus beschlagnahmt und zu einer Moschee umgebaut. In den folgenden Jahrhunderten wurde die Stellung der Christen immer prekärer. Dabei spielten weniger die ohnehin widersprüchlichen Aussagen des Korans zum Umgang mit ihnen eine Rolle, sondern vielmehr politische, rechtliche und soziale Benachteiligungen.

2. Die Konflikte zwischen Ost- und Westkirche

generelle Differenzen

Mit der Eroberung des christlichen Orients durch die muslimischen Araber fiel ein innerbyzantinisches Konfliktpotenzial weg. Die Frage des „Monophysitismus" hatte sich jetzt wie die des „Nestorianismus" dadurch erledigt, dass dessen Anhänger nicht mehr unter der Herrschaft des in Konstantinopel residierenden Kaisers waren. Zugleich vertieften sich die durch das Akakianische Schisma erstmals manifest gewordenen Differenzen mit dem lateinischen Christentum.

Filioque

Theologische Differenzen wurden vor allem in der Trinitätslehre wahrnehmbar, nämlich durch die Differenzen um das „Filioque": Das vom Konzil von Konstantinopel 381 verabschiedete Bekenntnis sagte über den Heiligen Geist, er gehe aus vom Vater (ex patre). Da die westliche Trinitätslehre in der Folge des Augustinus die Beziehungen der trinitarischen Personen untereinander betonte, wurde hier ergänzt: „und vom Sohn" (filioque). Dieser Zusatz war 809 für das Frankenreich normativ gemacht und 1014 in die römische Liturgie aufgenommen worden. Für das große Zerwürfnis von 1054 (s. u.) war er ein wesentliches Stichwort.

Bilderstreit

Ein anderer theologischer Differenzpunkt war das Verständnis der Bilder Jesu, der Heiligen oder Marias. Der „Bilderstreit" war ein Streit um die Zulassung und das theologische Verständnis von Ikonen (griech.: Bildern). Die Ikonenverehrung war in der östlichen Kirche keineswegs von Anfang an selbstverständlich: Das alttestamentliche Bilderverbot spielte dabei ebenso eine Rolle wie die Nähe zur heidnischen Verehrung von Götterbildern. Der byzantinische Kaiser Leon III. (um 680–741) ging radikal gegen die populärer werdende Ikonenverehrung vor und verbot sie; dem schloss sich sein Sohn Konstantin V. (718–775) an. In den folgenden jahrzehntelangen Konflikten wurden von den „Ikonoklasten" (den Bildergegnern) und den „Ikonodoulen" immer wieder christologische Argumente bemüht, war es doch eine grundsätzliche Frage, wie sich göttliche und menschliche Natur Jesu Christi bildlich darstellen lassen. 754 wurde auf einer Synode in Hiereia posthum der Mann verurteilt, der langfristig die Ikonenverehrung theologisch untermauern sollte: Johannes von Damaskus (um 650– um 750). Er stammte aus der christlichen Oberschicht des inzwischen zur Hauptstadt des arabischen Omajjadenreiches gewordenen Damaskus und stand also nicht unter dem Zugriff der byzantinischen Politik. Einen kirchenpolitischen Umschwung bewirkte Kaiserin Irene (752–803), die die Ikonenverehrung favorisierte. Sie ließ die Beschlüsse von Hiereia 787 auf einem Konzil in Nicaea revidieren. Durch dieses Konzil, das als VII. und in der Ostkirche nach der endgültigen Beilegung des Bilderstreits im Jahre 843 als letztes Ökumenisches Konzil gezählt wird, wurde die Ikonentheologie des Johannes von Damaskus festgeschrieben: Der Ikone kommt äußerliche Verehrung (proskynesis) durch Weihrauch, Kerzen und Kniefall zu, die eigentliche Anbetung (latreia) gebührt aber nur Gott. Als die Beschlüsse des Konzils im Westen bekannt wurden, waren in den lateinischen Übersetzungen beide Begriffe mit „adoratio" übersetzt worden. Karl der Große ließ darum 794 auf einer Synode in Frankfurt die Anbetung der Bilder verurteilen. Von hier aus wurde das westliche Verständnis religiöser Bilder nachhaltig beeinflusst: Sie sind nicht zu verehren, sondern haben einen pädagogischen, illustrativen Sinn.

Schisma 1054 Die zunehmende Entfremdung, die sich auch in Konflikten um die Priesterehe oder das Fasten am Sonnabend artikulierte, erreichte ihren Höhepunkt im „Großen Schisma" von 1054, das für sich genommen aber weniger bedeutsam war als die geistige und kulturelle Ferne zwischen Ost- und Westkirche insgesamt. Das Jahr 1054 markiert eigentlich nur die Verwerfung des ambitionierten Konstantinopler Patriarchen Michael Kerullarios (um 1000–1058), der römische Praktiken wie die Verwendung ungesäuerter Brote scharf kritisiert hatte. Die Konkurrenz päpstlicher und byzantinischer Gebietsansprüche in Süditalien bildete einen nicht unwesentlichen Hintergrund für die Schärfe der Antwort, die von Humbert von Silva Candida, dem Führer einer römischen Delegation nach Konstantinopel, gegeben wurde: Er legte auf dem Altar der Hagia Sophia eine Bannbulle gegen Kerullarios nieder und verdammte byzantinische Eigenheiten wie die Priesterehe als häretisch.

3. *Die Kreuzzüge und das Ende von Byzanz*

byzantinische Expansion Die heiligen Stätten in Palästina waren seit den 30er-Jahren des 7. Jahrhunderts in arabisch-muslimischem Besitz. Zwar war es den Byzantinern im 10. Jahrhundert gelungen, noch einmal Nordsyrien und somit auch Antiochia unter ihre Kontrolle zu bekommen, doch reichte ihre militärische Energie nicht, Jerusalem und das Heilige Land wieder in Besitz zu nehmen. Mit dem Sieg der von Nordosten nach Anatolien einbrechenden Seldschuken beim armenischen Mantzikert im Jahre 1071 erlosch die byzantinische Macht im östlichen Kleinasien und in Syrien, auch wenn Antiochia noch bis 1085 byzantinisch blieb.

Wallfahrtsidee Religiöse Motive spielten bei den militärischen Auseinandersetzungen der Byzantiner mit ihren muslimischen Nachbarn keine bedeutende Rolle. Die Kreuzzugsidee war westlicher Herkunft, und sie wurde nicht nur im Heiligen Land zur Umsetzung gebracht, sondern auch bei der Verdrängung der Muslime aus Spanien oder beim Kampf gegen Ketzer und Heiden. Der Grundgedanke der Kreuzzüge war der einer bewaffneten Wallfahrt zur Mehrung des eigenen Seelenheils. Lebendig blieb dieses Anliegen in den geistlichen Ritterorden, die sich zum Schutz der Wallfahrer und zu ihrer Betreuung gründeten, also vor allem bei den Templern, den Johannitern und dem Deutschen Orden.

Erster Kreuzzug

Zur unmittelbaren Vorgeschichte der Kreuzzüge ins Heilige Land gehören das Zerwürfnis der römischen Kirche mit dem byzantinischen Patriarchen im Jahre 1054 und die Machtprobe zwischen Heinrich IV. und Gregor VII., vor allem aber die Schlacht bei Mantzikert, durch die die Pilgerwege ins Heilige Land unsicher wurden. Der byzantinische Kaiser Alexios I. Komnenos (1048–1118) erwartete sich vom Westen – einem Konglomerat von Staaten und Herrschern – militärische Hilfe bei der Rückeroberung der seinem Reich verloren gegangenen Gebiete, nicht aber das, was dann geschah: Papst Urban II. wandelte das militärische Hilfeersuchen in ein religiös motiviertes Unternehmen. 1095 rief er in Clermont den ersten Kreuzzug aus: „Deus lo vult: Gott will es!" 1096 machte sich das Kreuzzugsheer auf den Weg. An seiner Spitze stand neben anderen Adligen Gottfried von Bouillon (1060–1100). Das geistliche Anliegen wurde durch den päpstlichen Legaten Adhemar von Le Puy vertreten, der aber 1098 starb. Das Kreuzzugsheer erreichte im gleichen Jahr Antiochia, das erobert wurde und den Byzantinern hätte zurückgegeben werden müssen. Tatsächlich aber wurde hier ein westlicher Fürst eingesetzt und die lateinische Liturgie eingeführt. 1099 fiel Jerusalem in die Hände der Kreuzfahrer. Hier wurde Gottfried von Bouillon als Herrscher eingesetzt, er lehnte aber im Gegensatz zu seinem Nachfolger Balduin von Boulogne (1058–1118) in der Stadt des Königs Christus den Königstitel ab. Auch in Jerusalem wurde nun ein lateinischer Patriarch installiert. Dass es hier byzantinisch-orthodoxe Christen und Angehörige der orientalischen Kirchen gab, spielte für die Kreuzfahrer keine Rolle.

weitere Kreuzzüge

Die weitere Geschichte der Kreuzzüge ist eine des Niedergangs. Die 1098 von Balduin von Boulogne errichtete Grafschaft Edessa kollabierte 1144, nachdem die zuvor zerstrittenen muslimischen Herrscher ihre Kräfte wieder geeint hatten. Die Folge war in Europa der Ruf zum zweiten Kreuzzug. Dabei tat sich besonders Bernhard von Clairvaux hervor. Dieses 1147 begonnene Unternehmen scheiterte; die Kreuzfahrer mussten sich 1149 geschlagen geben. Als dann auch noch Sultan Saladin (1137–1193)

1187 ein großes Kreuzfahrerheer bei Hattin in Palästina vernichtend schlug und Jerusalem eroberte, konnten die letzten Reste der Kreuzfahrerstaaten nur noch durch einen dritten Kreuzzug gerettet werden. Auch er war weithin ein Fiasko, denn der deutsche Kaiser Friedrich I. Barbarossa (1122–1190) starb auf dem Marsch, und der englische König Richard Löwenherz (1157–1199) musste wegen innenpolitischer Querelen seine Teilnahme abbrechen. Lediglich die Präsenz der Kreuzritter mit Akkon als neuem Vorposten konnte gesichert werden. Hier hielten sie sich sogar noch bis 1291. Von ihren Burgen aus kontrollierten sie das Land.

Lateinisches Kaiserreich

Die endgültige Perversion des Kreuzzugsgedankens war der 1202 begonnene vierte Kreuzzug, der gar nicht mehr im Orient ankam, sondern 1204 mit der Eroberung Konstantinopels endete. Die treibende Kraft für dieses Unternehmen war die Handelsmetropole Venedig, die nach Vorherrschaft im östlichen Mittelmeerraum strebte. Die Kreuzfahrer verwüsteten Kirchen und stahlen große Mengen von Kunstwerken, von denen sich viele bis heute in Venedig befinden. Byzanz wurde nun als „Lateinisches Kaiserreich" zu einem Kreuzfahrerstaat, der politisch auf tönernen Füßen stand. Die byzantinischen Kaiser hatten sich auf ein verkleinertes Staatsgebiet mit der Hauptstadt Nicaea zurückziehen müssen, von dem aus sie das Lateinische Kaiserreich immer mehr beschneiden konnten und es schließlich 1261 von der Landkarte tilgten, sodass Konstantinopel wieder in ihrer Hand war.

Unionskonzilien

Der vierte Kreuzzug zeigte den Byzantinern, dass mit christlicher Solidarität aus dem Westen nicht zu rechnen war. So standen sie den Seldschuken und später den Osmanen fast ganz allein gegenüber. Auf einem 1274 in Lyon abgehaltenen und nach westlichem Verständnis ökumenischen Konzil wurde eine Union zwischen Ost- und Westkirche geschlossen. Der Preis dafür war die Anerkennung des „Filioque" von byzantinischer Seite. Hinter dieser Anerkennung stand aber letztlich nur der byzantinische Kaiser: Die Union wurde von der orthodoxen Geistlichkeit nicht anerkannt. Militärische Hilfe traf so oder so nicht ein. Als 1439 in Florenz nochmals eine Union geschlossen wurde, war es ohnehin zu spät: Konstantinopel, der letzte Rest des Byzantinischen Reiches, fiel 1453.

Kontrollfragen:

Kontrollfragen

1. In welchen politisch-militärischen und theologiegeschichtlichen Kontext gehört das Aufkommen des Islams?
2. Welche Gründe führten zur Auseinanderentwicklung von Ost- und Westkirche?
3. Welche Bedeutung haben die Kreuzzüge im Blick auf das Verhältnis der christlichen Konfessionen zueinander?

3.4 Die Scholastik

Scholastik/ Mystik

In der Zeit Karls des Großen konnte sich erstmals nach den Umbrüchen des Frühmittelalters an Kirchen und in Klöstern wieder eine „schulmäßige" Theologie etablieren. Allerdings verbindet sich der Begriff „Scholastik", also „Schultheologie", erst mit den Gelehrten späterer Zeiten, die sich nicht nur mit sachlichen Fragen der Theologie, sondern auch mit methodischen befassten. Das Grundanliegen, das durch die katholische Neuscholastik bis in die Gegenwart vermittelt wird, ist zu erweisen, dass Glaube und Vernunft keine Gegensätze, sondern beide auf die Erschließung der Offenbarung Gottes bezogen sind. Der Denkweise der Scholastik trat die Mystik gegenüber, so wie sie von Meister Eckhart (um 1260 – um 1328) oder auch von Hildegard von Bingen gepflegt wurde. Hier ging es um den Weg in die Innerlichkeit, um die mystische Einung mit Gott jenseits aller logischen Reflexion. Diese Mystik aber war letztlich Theologie, und sie entwickelte gedankliche Systeme.

1. Die frühen Scholastiker

Anselm

Anselm von Canterbury (1033–1109) wollte Glaube und Vernunft in eine enge Beziehung bringen: Der Glaube muss verstehen, was er glaubt. Wenn Anselm sagt, er wolle „allein durch die Vernunft", also „sola ratione" arbeiten, so meint er damit eine Vernunft, die durch den Glauben und die kirchliche Lehre gebunden ist, denn Glaube wie Vernunft gehen aus der göttlichen Offenbarung hervor. In einem solchen System funktionieren auch die Gottesbeweise, die letztlich auf dem platonistischen Gedanken einer hierarchisch gestuften Wirklichkeit basieren: Wenn man davon ausgeht, dass über einem Gedachten immer noch etwas Größeres kommt, steht am Ende der Gottesgedanke. Prägend ist Anselm durch seine „Satisfaktionslehre" geworden, in der das Rechtsdenken eine fundamentale Rolle spielt: Gott ist durch die Sünde des Menschen ein schwerer Schaden zugefügt worden, den der Mensch nicht wiedergutmachen kann, da ihm das durch die Erbsünde verwehrt ist. Heilen kann den Schaden nur jemand, der göttlich ist. Damit die Menschen etwas davon haben, muss dieser jemand zugleich göttlich und menschlich sein. Dafür aber kommt allein der Gottmensch Jesus Christus infrage (vgl. 2.4.2).

Abaelard

Pierre Abaelard (1079–1142) wollte ebenfalls Verstehen und Glauben in Einklang bringen, nicht zuletzt, um jeden, der Theologie lehrt, zu befähigen, selbst zu verstehen, was er aus der Tradition heraus lehrt. Theologische Lehre darf in der Konsequenz also nicht bloßes Nachsprechen der Tradition sein. Wie Widersprüche in der theologischen Tradition zu glätten sind, zeigte Abaelard in dem Buch „Sic et Non" („Ja und Nein").

Petrus Lombardus

Eine wirklich schulbildende Scholastik entstand im 12. Jahrhundert. Aus Gesprächen zwischen Lehrern und Schülern erwuchsen die „Sentenzen", die in Sammelwerken geordnet und kommentiert wurden. Das wichtigste dieser Sammelwerke wurde von Petrus Lombardus (um 1100–1160) verfasst. Es wurde zum bedeutendsten Lehrbuch der Scholastik: Noch Martin Luther hatte in seinem Studium damit zu tun.

2. Die großen Lehrer

Universitäten

Die Ausbildung der Scholastik als wissenschaftliches System war erst möglich, seit es Universitäten gab, die seit dem 13. Jahrhundert aus Kirchen- und Klosterschulen herauswuchsen. Sehr schnell kamen viele Universitäten unter den Einfluss der dynamischen Bettelorden, namentlich der Dominikaner und der Franziskaner. Daher waren die großen Theologen der Scholastik Ordensleute.

Thomas von Aquin

Der erste bedeutende dominikanische Theologe war Albertus Magnus (um 1200–1280), der seit 1248 in Köln wirkte. Hier beschäftigte er sich ausführlich mit den Werken des gerade wieder von arabischen Gelehrten entdeckten Philosophen Aristoteles (384–322 v. Chr.). Thomas von Aquin (1225–1274), der bedeutendste Schüler des Albertus Magnus, verfasste mit seiner umfänglichen „Summa Theologica“ ein Werk, das die Bibel und die theologische Tradition – vor allem die des Augustinus – in eine systematische Form brachte, und dies wiederum unter der Voraussetzung, dass Glaube und Wissen keine Gegensätze sind. Dementsprechend meinte auch Thomas, die Existenz Gottes auf vernünftigem Wege beweisen zu können. Gott ist für ihn das höchste Sein, das alles andere Sein bestimmt und das dessen Urgrund und Ziel ist. In einem anderen Hauptwerk, der „Summa contra Gentiles“, setzte sich Thomas mit den „Heiden“, den Muslimen nämlich, auseinander. Der Nachweis der Übereinstimmung von allgemein zugänglicher Vernunft und christlicher Offenbarung hat hier die Funktion, deutlich zu machen, dass das Christentum voll und ganz mit der Vernunft übereinstimmt. Thomas hatte viele seiner Grundkategorien und auch die Gewissheit einer Korrespondenz von Vernunft und Offenbarung dem von seinem Lehrer Albertus Magnus so geschätzten Aristoteles entnommen. Darin konkurrierte er mit arabischen Philosophen, also eben jenen „Heiden“, denen er das Christentum als vernunftgemäß plausibel machen wollte.

andere Scholastiker

Franz von Assisi machte sich nichts aus Gelehrsamkeit, und als der in Paris lehrende Alexander von Hales (um 1185–1245) 1236 in den Franziskanerorden eintrat, erregte dies Aufsehen. Alexanders Schüler Bonaventura (1217–1274) wurde dann zu einem von vornherein franziskanischen Theologen, auch wenn er weniger systematisch als sein Zeitgenosse Thomas arbeitete. Alexander ließ sich nicht so auf die Philosophie des Aristoteles ein wie Thomas, sondern blieb stärker in der platonistischen Tradition. Mehr als an „objektiver“ Vernunfterkenntnis war ihm an der individuellen, mystisch geprägten Glaubenserfahrung gelegen. Bonaventura war seit 1257 Oberhaupt des Franziskanerordens und daher immer wieder mit praktischen Fragen befasst. Die thomistische Korrespondenz von Glaube und Vernunft blieb generell nicht unwidersprochen. Vor allem war es Wilhelm von Ockham (um 1285–1347), der Theologie und Philosophie stärker differenzierte: Nicht alles, was der Glaube an Wahrheit erfasst, kann auch die Vernunft erfassen.

Kontrollfragen:

Kontrollfragen

1. Was ist das Grundanliegen der Scholastik?
2. Welche scholastischen Theologen kennen Sie?

3.5 Die spätmittelalterlichen Kirchenreformversuche und ihr Scheitern

Motivation

Der Ruf nach Reformen in der Kirche und vor allem im Klerus wurde seit dem 12. Jahrhundert immer wieder laut. Dies konnte zu Veränderungen führen, aber auch zu Ketzervorwürfen. Eine neue Qualität hatten Reformansätze, die aus kirchenorganisatorischen Notwendigkeiten heraus geplant, aber kaum verwirklicht wurden. Verdruss am Glauben und an der Kirche war insgesamt nicht zu verzeichnen: Gerade am Vorabend der Reformation intensivierte sich die Frömmigkeitspraxis.

1. Das Papstschisma

Kaiser und Päpste

Im 12. Jahrhundert hatten sich die Päpste politischer Konflikte mit machtbewussten deutschen Kaisern wie Barbarossa sowie etlicher Gegenpäpste zu erwehren. Mit dem seit 1198 amtierenden Innozenz III. (1160–1216) kam dann ein Mann zum Zuge, der als „Stellvertreter Christi" (Vicarius Christi) die beanspruchte Machtfülle (plenitudo potestatis) des Papsttums betonte. In seine Zeit fällt der vierte Kreuzzug, aber auch das 1215 abgehaltene IV. Laterankonzil, das genauso wie die ersten drei Laterankonzilien von 1123 (nach dem Wormser Konkordat), 1139 und 1179 im päpstlichen Palast stattfand. Nach dem Tod Innozenz' III. setzten sich allerdings die Auseinandersetzungen mit den Kaisern fort. Vor allem der Staufer Friedrich II. (1194–1250) war aus päpstlicher Sicht ein dauerndes Ärgernis: Der Durchführung eines Kreuzzuges verweigerte er sich lange, und als er 1229 doch ins Heilige Land fuhr, schloss er kurzerhand einen Vertrag mit den lokalen Autoritäten, um den Zugang zu den Heiligen Stätten zu garantieren. Als der Kaiser nach Europa zurückkehrte, machte er den Päpsten den Vormachtanspruch in Italien streitig.

Bonifatius VIII.

Hundert Jahre nach Innozenz III. war es der seit 1294 amtierende Bonifatius VIII. (um 1235–1303), der sich mit kirchenpolitischen und auch politischen Ansprüchen geradezu im Geist des Investiturstreits zu Wort meldete. 1300 ließ er zum ersten Mal in Rom ein „Heiliges Jahr“ feiern, in dem es besondere Ablässe gab. 1302 verkündete er in der Bulle „Unam sanctam“, die weltliche Macht sei der geistlichen untergeordnet und werde auch von der geistlichen, also vom Papst, verliehen und notfalls wieder entzogen. Da die deutsche Königs- und Kaisermacht nach dem Tod Friedrichs II. stark geschwächt war, richteten sich solche Signale gegen den französischen König Philipp den Schönen (1268–1314), der der französischen Geistlichkeit eine Sondersteuer zur Finanzierung des Krieges gegen England auferlegt hatte. Die Antwort des französischen Königs war handfest: Er ließ den Papst überfallen und misshandeln.

Päpste in Avignon

Die Nachfolger Bonifatius' VIII. unterstellten sich der französischen Vormacht und zogen 1309 sogar nach Avignon um. 1311/12 wurde ein Konzil in Vienne inszeniert, auf dem der in Frankreich sehr bedeutsame Templerorden mit Vorwürfen überzogen und verboten wurde. Dass Papst Gregor XI. (1329–1378) 1377 wieder nach Rom übersiedelte, hatte damit zu tun, dass der Kirchenstaat von dort aus leichter zu kontrollieren und die Nähe der französischen Könige zunehmend lästig war. Als dieser Papst starb, wurde von den Kardinälen in Rom ebenso wie von den in Avignon verbliebenen ein neuer Papst gewählt, sodass es nun deren zwei gab. Papstschismen waren an sich nichts Neues; schon die Laterankonzilien von 1139 und 1179 mussten solche Spaltungen heilen. Die Etablierung eines zweiten Papstes in Avignon aber war angesichts ihrer Dauer problematischer als die bisherigen Konflikte, denn sie stellte die europäischen Mächte vor die Frage, welchem Papst sie loyal sein sollten. Dieser Missstand sollte auf politischen Druck 1409 auf einem Konzil in Pisa bereinigt werden. Ein neuer Papst wurde gewählt, doch dankten die amtierenden nicht ab, sodass es nun drei Päpste gab.

2. Die Reformkonzilien des 15. Jahrhunderts

Konzil von Konstanz

Die päpstliche Macht war uneindeutig geworden, das Papstschisma hatte zu einem tiefen Riss in der Kirche geführt. Dadurch bekam auch der im 14. Jahrhundert als Theorie entstandene „Konziliarismus“ neuen Auftrieb: Die einzige Institution, die den Zwiespalt heilen konnte, war ein Konzil. Ohne Rückendeckung durch eine weltliche Macht musste dies aber Theorie bleiben: Es war der deutsche König und spätere Kaiser Sigismund, der die Initiative ergriff. Er lud auf das Jahr 1414 zu einem Konzil nach Konstanz ein, brach also mit der Tradition der römischen Laterankonzilien, und blieb während der Beratungen auf ihm präsent. Das Konzil definierte sich als Repräsentanz der ganzen Kirche: Über dem Konzil steht nur Gott und nicht der Papst; der Papst hatte dem Konzil Gehorsam zu leisten. Zugleich wurde die Notwendigkeit einer Reform der Kirche „an Haupt und Gliedern" (capite et membris) betont. Die Heilung des Papstschismas blieb ein schwieriges Unterfangen, da die amtierenden Päpste ihr Amt nicht zur Verfügung stellten. Erst 1417 konnte mit Martin V. (1368–1431) ein neuer Papst gewählt werden, der auch eine Kirchenreform versprach. Sie sollte vor allem in einer besseren Auswahl des Hochklerus bestehen.

Wyclif

Als einen unabdingbaren Bestandteil einer Kirchenreform an Haupt und Gliedern verstand man den Kampf gegen die Häresie. Ketzer gab es im Mittelalter immer wieder; zu den prominentesten zählten die im 12. Jahrhundert aufgetretenen Katharer, die ihres Dualismus wegen als neue Manichäer galten. Auf dem Konstanzer Konzil standen zwei Männer für gefährliche Ketzereien: John Wyclif (1330–1384), der in Konstanz nur noch posthum verurteilt werden konnte, hatte als geachteter Theologieprofessor in Oxford gewirkt, wurde aber 1382 aus dem Lehrkörper der Universität entfernt. Wyclifs Hauptkritik galt dem Selbstverständnis der Kirche: Für ihn war in vergröbernder Aufnahme Augustinus' die sichtbare Kirche mit ihren Institutionen und Ämtern Menschenwerk; die wahre Kirche war unsichtbar und auf Ämter nicht angewiesen. Eine solche Radikalität ist auf dem Hintergrund des großen Papstschismas nicht ganz unverständlich. Wie später Luther, so erklärte auch Wyclif die Bibel zur entscheidenden Instanz für Entscheidungen in der Lehre.

Hus

Wyclifs Lehren breiteten sich über Europa aus und fanden besonders in Böhmen und an der Universität Prag eine Heimat. Einer der dortigen akademischen Lehrer war Jan Hus (um 1370–

1415), der zum Führer einer Reformbewegung in Böhmen avancierte. Der Konflikt eskalierte, als der Prager Erzbischof zu scharfen Gegenmaßnahmen griff. Zugleich kam es an der Prager Universität zu Auseinandersetzungen zwischen Deutschen und Böhmen, die zu ihrer Spaltung und zum Auszug von Studenten und Magistern – vor allem nach Leipzig – führten. Hus war kein einzelner Irrlehrer, den man übersehen konnte. So erklärt es sich, dass er von König Sigismund zum Konstanzer Konzil ein- oder vorgeladen wurde. Sigismund hatte ihm freies Geleit zugesichert und auch das Recht, sich verteidigen zu dürfen. Tatsächlich kam Hus wohlbehalten in Konstanz an, doch wurde er nach kurzer Zeit unter Hausarrest gestellt und schließlich verhaftet, verurteilt und 1415 verbrannt.

Konzil von Basel

Das nächste Konzil tagte seit 1431 in Basel. Immer noch stand die Kirchenreform auf der Tagesordnung, vor allem aber die Frage, ob das Konzil seinen Anspruch, über dem Papst zu stehen, weiterhin durchsetzen könnte. Kaum war das noch von Martin V. einberufene Konzil zusammengetreten, widerrief dessen Nachfolger Eugen IV. (1383–1447) schon die Einberufung. Dies blieb vorerst ohne Folgen, doch belastete die Konkurrenz mit dem Papst die Aktionsfähigkeit des Konzils. Die Kirchenreform zielte nach wie vor auf das „Haupt", also die Päpste: Ihre Einkünfte sollten eingeschränkt werden, und sie sollten an die Beschlüsse der Konzilien gebunden sein. Das alles kam aber nicht zur Umsetzung, denn letztlich gewann Eugen IV. die Oberhand: Er erklärte 1437 das Basler Konzil für beendet. Im gleichen Jahr starb Kaiser Sigismund, der den Konzilien von Konstanz und Basel politischen Rückhalt gegeben hatte. So gelang es dem Papst, 1438 ein päpstliches Konkurrenzkonzil in Ferrara zu etablieren. In Basel tagte man noch bis 1449 weiter und wählte 1439 sogar einen Gegenpapst, doch geriet man hier immer mehr in die Isolation. Ein Teil der Teilnehmer des Basler Konzils wechselte nun die Seite und zog nach Ferrara um. 1439 wurde das Konzil von Ferrara nach Florenz verlegt, wo es 1445 zu Ende ging.

3. *Der Humanismus*

Bedeutung der Antike

Der Humanismus – ein neuzeitlicher Begriff, der mit „humanitär" nichts zu tun hat – wollte die antike Tradition nicht mehr auf dem Umweg über die scholastische Lehrbildung studieren. Anfänge dazu liegen schon im 14. Jahrhundert, doch kam der Humanismus erst im 15. Jahrhundert voll zum Durchbruch und traf sich mit der Suche nach einer Kirchenreform und einer individuell verantworteten Frömmigkeit. Eine Heimat fand der Humanismus an vielen Universitäten. Das humanistische Interesse richtete sich auf das Studium vorchristlicher wie christlicher Autoren, und mit der Erfindung des Buchdrucks war es möglich, lateinische und griechische Textausgaben in größeren Auflagen zu publizieren. Das Interesse an griechischer Literatur wurde durch byzantinische Emigranten beflügelt. Das von Erasmus von Rotterdam (1469–1536) im Jahre 1516 herausgebrachte griechische Neue Testament hatte besondere Bedeutung.

Humanismus/ Reformation

Der Humanismus war nicht nur durch seine philologischen Interessen, die sich unter anderem auf den hebräischen Text des Alten Testaments richteten, in großen Teilen eine Bibelbewegung, sondern auch durch sein unmittelbares Interesse an der antiken Geisteswelt, in dessen Kontext das Neue Testament stand. Hieran konnte die Reformation anknüpfen, und viele Reformatoren hatten im Studium oder später Kontakt zum Humanismus gehabt. Allerdings schlossen sich bei Weitem nicht alle Humanisten der Reformation an: Erasmus und anderen ging der reformatorische Bruch mit der Tradition zu weit.

Kontrollfragen:

Kontrollfragen

1. Warum brach das Papstschisma auf und wie wurde es geheilt?
2. Woran scheiterte das Vorhaben einer Kirchenreform „an Haupt und Gliedern"?
3. Welche Bewegungen nahmen das reformatorische Interesse an der Bibel schon vorweg?

4. Die Reformation und ihre Folgen

Reformation/ Spätmittelalter

Martin Luther stand auf der Schwelle vom Mittelalter zur Neuzeit. In der von ihm angestoßenen Reformation kamen Kräfte zum Durchbruch, die sich schon im Spätmittelalter formierten. Sie gewannen nun ungeheure Dynamik und trugen zur Entwicklung eines neuen Verständnisses von Kirche, Glaube und Theologie bei. Ihnen traten Kräfte entgegen, die am Traditionellen festzuhalten meinten, zugleich aber das mittelalterliche Kirchenwesen in eine neue, nun mehrkonfessionelle Zeit hinein transformierten. In Zeiten, in denen der christliche Glaube eine prägende Kraft auf Individuen und Gesellschaften ausübte, ergaben sich Konsequenzen für Politik, Kultur und Gesellschaft.

4.1 Martin Luther

Bedeutung Luthers

Mit Martin Luther beginnt die Reformation, auch wenn es zur gleichen Zeit andere gab, die ähnliche Anliegen aufnahmen, und auch wenn er an ältere Reformanliegen anknüpfen konnte.

1. Luthers Weg zur Reformation

Studium

Luthers Leben verlief aufstiegsorientiert: Der Schullaufbahn folgte das Studium in Erfurt, das ihn eigentlich zum Juristen machen sollte. Das Erlebnis eines schweren Gewitters, das ihn 1505 auf freiem Feld bei Stotternheim überraschte, führte zu einer Irritation und zum Eintritt in das Erfurter Kloster der Augustinereremiten, die zu den Bettelorden gehörten. Die Priesterweihe folgte 1507. Ein Studium war dafür nicht nötig, doch schickte der Orden den als fähig erachteten jungen Bruder auf die Universität, zuerst in Erfurt, 1508 nach Wittenberg. Das für alle Studenten verbindliche Grundstudium der „Artes liberales", der „Freien Künste", die das formale und inhaltliche Rüstzeug für die Höheren Studien vermittelten, hatte Luther schon in Vorbereitung seines Jurastudiums absolviert. Sein Theologiestudium schloss er 1512 mit der Doktorpromotion ab, die ihm die Lehrbefähigung verlieh. Luther hielt nun Vorlesungen über biblische Bücher, in denen hier und da schon die spätere Rechtfertigungsthematik anklang, doch blieb alles im Rahmen diskutabler Vorstellungen.

95 Thesen

Dies galt in Luthers Verständnis auch von den 95 Thesen zum Ablass, die er am 31. Oktober 1517 in Form eines Anschlages publik machte, um damit zu einer akademischen Disputation aufzufordern. Ungewöhnlich war dies nicht: Luther selbst hatte im September 1517 auf gleichem Wege Thesen zur scholastischen Theologie zur Diskussion gestellt und dabei scharf Aristoteles angegriffen, der sich zur Theologie verhalte wie die Finsternis zum Licht. Noch gründlicher griff er diese Frage im folgenden Jahr auf einer Disputation in Heidelberg auf. Mit den 95 Thesen, die sich durch Drucke verbreiteten, begann die Reformation im Sinne einer Kontroverse um die Person Luthers. Luther schickte die Thesen an den zuständigen Bischof Albrecht von Mainz, der sich nach Rom wandte, damit man den unliebsamen Kritiker mundtot mache. Die Thesen stellten den Ablass infrage und somit die Vorstellung, die Strafe für Sünden könne für sich selbst oder andere durch einen kirchlichen Erlass, einen Ablass also, verkürzt werden. Das sollte eigentlich durch besondere Frömmigkeitsleistungen geschehen, wurde nun aber durch den Kauf von Ablasszetteln verkürzt, der die Sünder zu Anteilseignern der Verdienste der Heiligen und Märtyrer machen sollte. Dadurch wurde für Luther das Wesen der Buße verfehlt, die innere Haltung und Reue sein sollte.

2. Die Grundzüge der Theologie Luthers

neue Theologie

In den Jahren seit 1517 wurde Luther als Kritiker der Scholastik bekannt, und auch – unter anderem durch eine Disputation in Leipzig im Jahre 1519 – als Kritiker des Papsttums, das sich seiner Meinung nach an die Stelle Jesu Christi gesetzt hatte. Gerade hier zeigte Luther, wie fruchtbar das Studium der Kirchenväter war, wussten die antiken Autoren doch nichts von einem Papst.

Eine neue Form der Bibelauslegung, die Christus als entscheidende Mitte hat, und ein dem Humanismus verwandtes Interesse an den Ursprüngen des Christentums kamen dabei zusammen.

Laien

Luther veröffentlichte 1520 seine Schrift „An den christlichen Adel deutscher Nation von des christlichen Standes Besserung". Er nahm die mittelalterliche Kritik am Papsttum auf, die trotz der gescheiterten Reformkonzilien lebendig geblieben war: Wenn die Kirche sich nicht selbst reformieren konnte, musste es der Adel tun, also Kaiser, Fürsten und Stadträte. Ermächtigt waren diese dadurch, dass sie durch die Taufe teilhatten am Priestertum aller Gläubigen. Mit nachhaltiger Wirkung nahm Luther die „Laien", also die Nichttheologen, in die Pflicht.

Sakramentslehre

Im gleichen Jahr 1520 brachte Luther in lateinischer Sprache seine Schrift „Von der Babylonischen Gefangenschaft der Kirche" heraus: Luther sah die Kirche gefangen unter dem Papsttum und unter den oft nur wenige Jahrhunderte zurückreichenden Traditionen. Konkret betraf dies die Festlegung auf sieben Sakramente (Taufe, Abendmahl, Buße, Firmung, Ehe, Priesterweihe, Letzte Ölung), die Luther anhand von drei Kriterien überprüfte: die Einsetzung durch Christus, eine daran gebundene Verheißung und ein sichtbares Zeichen. Taufe und Abendmahl waren dem biblischen Zeugnis nach durch Christus eingesetzt, hatten die Verheißung des ewigen Lebens und sichtbare Zeichen, also Wasser sowie Brot und Wein. Der Buße, von Luther ja hoch geschätzt, fehlte das sichtbare Zeichen. Konsequenzen hatten diese Kriterien für das Abendmahl: Wenn es seiner Einsetzung durch Christus gemäß gefeiert werden sollte, mussten die Laien nach jahrhundertelanger Verweigerung durch die Kirche auch den Abendmahlskelch erhalten.

reformatorische Entdeckung

Wohl 1518 kam es zu der für den theologischen Kern der Reformation entscheidenden „reformatorischen Entdeckung" Luthers. Ihm machte die Sünde mehr zu schaffen, als es in der mittelalterlichen Tradition der Fall gewesen war: Die Sünde ist für Luther eine radikale Macht, die den Menschen bestimmt. Der Mensch kann aus sich heraus nicht vor Gott bestehen und sich vor ihm rechtfertigen, sondern bedarf der Rechtfertigung durch Gott. Damit erwies Luther sich als Schüler des Paulus und des

Augustinus. Alle Anstrengungen, sich mit guten und frommen Werken das Heil zu verdienen, sind also wertlos. Der Mensch ist durch Leben und Sterben Christi schon das, was er werden will: gut angesehen bei Gott. Was daraus folgte, machte Luther in einer weiteren Schrift aus dem Jahre 1520 deutlich, nämlich in „Von der Freiheit eines Christenmenschen". Hier unterschied er zwei Dimensionen: die des Glaubens, in der der Mensch gerechtfertigt und frei ist, und die der Liebe, in der der Mensch in sozialen Bindungen lebt und in der er Gutes tun kann.

Evangelium und Politik

Das Denken in diesen Dimensionen hatte Auswirkungen auf das Staatsverständnis. Auch hier galt es zu unterscheiden: Weder durfte die Dimension des Glaubens, der im Gewissen beheimatet ist, durch politischen Zwang beeinflusst werden, noch durften politische Ziele unter dem Vorwand, sie seien dem Evangelium gemäßer als andere, verfolgt werden. Das war für Luther „Aufruhr". Schon der Versuch, das Kirchenwesen schnell und radikal umzugestalten, wie es Andreas Bodenstein von Karlstadt (um 1480–1541) vorhatte, fiel in diese Kategorie. Aufruhr sah Luther dann auch im Bauernkrieg und insbesondere in der Person Thomas Müntzers (1488/89–1525), der im Namen des Evangeliums den Umsturz predigte. So wie also die politische Gewalt das Gewissen des Gläubigen zu achten hatte, so auch die Vertreter von Kirche und Religion die Maßstäbe der Politik. Die „Obrigkeit" war eingesetzt von Gott, um in dieser Welt Ordnung zu schaffen. Menschen durften sich nicht auf die Dimension des Glaubens zurückziehen, sondern sollten in Familie, Beruf und Amt bei der Gestaltung der Welt mitwirken. Dazu zählte auch der Soldatenberuf, durch den Ordnung garantiert und wiederhergestellt wird. Christliche Maßstäbe durften andererseits nicht aus dem öffentlichen Leben verbannt werden. Dazu sollten die Schulen beitragen, die Luther und Philipp Melanchthon (1497–1560) ein wichtiges Anliegen waren.

3. Wachstum und Festigung der Reformation

Reformation und Stadt

Die Reformation verbreitete sich durch Schriften Luthers und anderer, durch Prediger, auch durch Lieder, die die theologischen Grundanliegen popularisierten. Bei Weitem nicht überall setzte sich die Reformation durch. Stadträte oder fürstliche Verwaltungen entschieden für oder gegen ihre Einführung. Immerhin war dies auch eine Ordnungsfrage, denn die Zulassung reformatorischer Prediger konnte Unruhe erzeugen oder auch dämpfen. Das Gleiche galt für die Aufhebung von Klöstern, die Zulassung der Priesterehe, die Einführung des Abendmahlskelchs und die Integration des Klerus in die städtische Gesellschaft. Die Einführung der Reformation war immer ein Bruch, sie konnte auch entgleiten, wie die Machtergreifung radikaler Kräfte im „Täuferreich von Münster" im Jahre 1534/35 zeigte. Gerade in den Städten erreichten Konflikte um die Reformation eine hohe Dichte: Ambitionierte Prediger fielen auf, die Lesefähigkeit des Stadtbürgertums war hoch, Massen ließen sich leicht mobilisieren, und den Stadträten konnte es nur recht sein, wenn sie Kloster- und Kirchengut säkularisieren konnten und das Besetzungsrecht auf Pfarrstellen erhielten.

Reformation und Reich

Im Laufe der 1520er-Jahre hatten die Entwicklungen zu politischen Auseinandersetzungen auf der Ebene des Reiches geführt: Der Kaiser blieb beim alten Glauben, die evangelisch gewordenen Fürsten und Stadträte erschienen als Störenfriede. Auf dem Reichstag zu Worms 1521 war Luther verurteilt worden, und nur die Verbringung auf die Wartburg auf Anweisung seines ihm wohlgesonnenen Landesherrn – dies war Friedrich der Weise (1463–1525) – hatte ihn gerettet. Die folgenden Monate bis zu seiner Rückkehr nach Wittenberg im Jahre 1522 nutzte Luther für die Übersetzung des Neuen Testaments – für die des Alten Testaments war erst Jahre später Zeit. Da Kaiser Karl V. (1500–1558) sich in den 20er-Jahren in Spanien aufhielt, blieb ihm ein direktes Eingreifen verwehrt. Das Wormser Edikt gegen Luther, seine Anhänger und seine Werke konnte nicht flächendeckend durchgesetzt werden, und als es 1526 auf einem Reichstag in Speyer wieder auf die Tagesordnung kam, wurde die Umsetzung in das Belieben jedes einzelnen Landesherrn gestellt. Als dann auf einem weiteren Reichstag in Speyer 1529 das Wormser Edikt doch wieder eingeschärft wurde, wehrten sich die evangelischen Fürsten und Stadtobrigkeiten mit einer „Protestation" – damit war der Begriff „Protestanten“ in der Welt. Betont wurde ganz im evangelischen Sinne die Glaubens- und Gewissensfreiheit.

Augsburger Bekenntnis

1530 wollten die evangelischen Fürsten und Stadträte auf einem Reichstag in Augsburg ihre Position dem Kaiser verständlich machen, doch ohne Erfolg. Das „Augsburger Bekenntnis“ (Confessio Augustana), maßgeblich verfasst von Philipp Melanchthon, wurde zur Grundurkunde des Luthertums. Auch wenn es in seinem ersten Teil die Gemeinsamkeiten mit der altgläubigen Position in theologischen Grundfragen betonte, blieb doch unübersehbar, dass die Differenzen fundamental waren. Die Definitionen der Rechtfertigungs- und Kirchenlehre waren nur die sichtbarsten Beispiele: Gute Werke sollen getan werden, sie sind aber nicht heilsnotwendig, die Kirche wird konstituiert durch die Auslegung des Wortes Gottes und den rechten, also einsetzungsgemäßen Gebrauch der Sakramente.

Verankerung der Reformation

Wo die Reformation mit Rückendeckung der „Obrigkeit“ eingeführt war, veränderte sie das Kirchenwesen oftmals radikal. Den Pfarrern kam hohe Verantwortung zu, da sie die neue Lehre einführen und erklären mussten. Die ältere Generation hatte zumeist kein Theologiestudium durchlaufen, das jetzt erst für die evangelischen Geistlichen – noch lange aber nicht für die katholischen – verpflichtend wurde. Visitationen in den späten 1520er-Jahren zeigten in Kursachsen, dass die Pfarrer häufig überfordert waren. Luther verfasste darum 1529 den Großen Katechismus, der die reformatorische Theologie erläuterte. Ebenso wie die Pfarrer hatten nun die Laien, also die Nichttheologen, eine neue Aufgabe. Sie sollten befähigt werden, ihren Glauben selbst zu verantworten. Dazu verfasste Luther im gleichen Jahr den Kleinen Katechismus, ein Handbuch für die Hausandacht. Evangelische Frömmigkeit sollte nicht nur selbst verantwortet, sondern auch in der Hausgemeinschaft verankert sein.

Kontrollfragen:

Kontrollfragen

1. Worum ging es in den 95 Thesen?
2. Was ist die „reformatorische Entdeckung“?
3. Was ist das „Augsburger Bekenntnis“?

4.2 Die Ausbreitung der Reformation in Europa

Dimensionen der Reformation

Die Reformation hatte verschiedene Dimensionen: Dazu gehörten vor allem die Wiederentdeckung des Evangeliums von der Rechtfertigung allein aus Glauben, eine Professionalisierung der Pfarrerschaft durch ein Studium, aber auch die in der reformatorischen Bewegung liegenden Optionen auf eine Reform der Kirche und ihre Einpassung in städtische und territoriale Gemeinwesen. Diese Dimensionen konnten unter unterschiedlichen Voraussetzungen eine unterschiedliche Dynamik entfalten.

1. Die schweizerische und die oberdeutsche Reformation

Zwingli

Ulrich Zwingli (1484–1531) war seit 1519 Pfarrer am Großmünster in Zürich. Seine Reformation nahm ihren Ursprung beim Anliegen der Kirchenreform, und er sah Veränderungen der kirchlichen Praxis wesentlich positiver als Luther. In seiner Schrift „Von Erkiesen und Freiheit der Speisen" plädierte Zwingli 1522 für die Aufhebung der Fastengebote, aber dies war nur ein Anliegen unter mehreren. Wie in anderen Städten, so wurde auch die Reformation in Zürich durch einen Beschluss des Stadtrats durchgesetzt, der sich zuvor in zwei Disputationen über die strittigen Fragen kundig gemacht hatte. Der Rat versuchte auch, die „Bilderstürmer" im Zaum zu halten, doch setzte sich die Tendenz durch, die Heiligenbilder aus den Kirchen zu entfernen. 1528 schloss sich Bern der Reformation Zwinglis an, und bald kamen andere Orte hinzu. Als Zwingli 1531 in einer Schlacht gegen Truppen der Altgläubigen fiel, kam die Ausbreitung zum Stillstand.

Calvin

Ein zweites Zentrum der Reformation in der Schweiz wurde Genf. Hier war Johannes Calvin (1509–1564) die treibende Kraft. Zwar führte auch die Reformation Luthers und Zwinglis zu Umgestaltungen in den städtischen Gemeinwesen, doch sollte Genf nun zum Symbol für den Idealtypus einer reformatorischen Stadtgesellschaft werden. Soziale Normen wurden stark von Vorstellungen bestimmt, die zu dieser Zeit als spezifisch christlich galten – hier liegen die Wurzeln des Puritanismus. Calvin lebte und wirkte seit 1541 in Genf, nachdem er die Stadt 1538 schon einmal hatte verlassen müssen. Der Anlass waren Konflikte um die „Kirchenzucht" gewesen: Calvin strebte eine strenge kirchliche Kontrolle des privaten und sozialen Lebens an, die er auch nach seiner Rückkehr erst gegen Widerstände des Rates durchsetzen konnte. In der Zeit seiner Verbannung hatte Calvin einen Grundriss der reformatorischen Lehre verfasst, den „Unterricht in der christlichen Religion", die „Institutio christianae religionis". Bei diesem später zweimal in Richtung einer Dogmatik überarbeiteten Werk handelte es sich ursprünglich um ein Gegenstück zu Luthers „Kleinem Katechismus". Zu Calvins theologischen Eigenheiten gehörte eine starke Betonung der Prädestinationslehre, mit der er ganz im Sinne des Augustinus die radikale Unabhängigkeit Gottes von menschlichen Bemühungen in seiner Entscheidung über Heil oder Unheil betonen wollte.

Oberdeutsche

Zwischen lutherischen und schweizerisch-reformierten Einflüssen lagen ober-, also südwestdeutsche Städte, unter denen das zum Deutschen Reich gehörende Straßburg die bedeutendste war. Hier wurde der von Luther wie vom Humanismus geprägte Martin Bucer (1491–1551) zum führenden Reformator. Auch in Straßburg konnte sich die Reformation nur allmählich und endgültig erst durch einen Beschluss des Rates durchsetzen. 1530 legten vier oberdeutsche Städte (Lindau, Straßburg, Konstanz, Memmingen) auf dem Augsburger Reichstag ein eigenes Bekenntnis vor, die „Confessio Tetrapolitana". 1536 schlossen Bucer und die Oberdeutschen durch die „Wittenberger Konkordie" ein Bündnis mit dem lutherischen Zweig der Reformation.

2. Die theologische Entzweiung der reformatorischen Bewegung

Abendmahlslehre

Mit dem Anschluss des oberdeutschen Zweiges der Reformation an den lutherischen war vor allem eine Parteinahme im zentralen theologischen Konflikt zwischen den reformatorischen Zweigen verbunden: Luther und Zwingli lehnten die mittelalterliche Vorstellung der „Transsubstantiation" ab, der zufolge Brot und Wein im Abendmahl äußerlich blieben, was sie sind, sich innerlich – der Substanz nach – aber in Leib und Blut verwandelten. Allerdings vertraten sie in der Interpretation des Abendmahls unterschiedliche Auffassungen, die die reformatorische Bewegung nachhaltig spalteten. Angesichts der Bedrängnis durch die politische Übermacht der altgläubigen Kräfte war dies irritierend, und so sah sich Landgraf Philipp von Hessen (1504–1567) veranlasst, eine Disputation in dieser Sache einzuberufen, die 1529 in Marburg abgehalten wurde. Luther nahm die Einsetzungsworte „Das ist mein Leib" wörtlich: Der Leib Christi ist im Abendmahl wirklich gegenwärtig. Diese Annahme gründet sich auf die Verheißung Jesu und hat mit philosophischen Spekulationen über eine Transsubstantiation nichts zu tun. Zwingli trieb die Ablehnung der Transsubstantiationslehre weiter. Er übersetzte das lateinische „est" mit „significat": Jesus habe bei der Einsetzung des Abendmahls nicht gemeint, das Brot und der Wein könnten wirklich sein Leib sein, sondern Brot und Wein seien Zeichen für den im Himmel bei Gott befindlichen Leib Christi. Während Luther die Zweinaturenlehre also so deutete, dass die Allgegenwart der göttlichen Natur Jesu Christi auch die Realpräsenz der menschlichen Natur im Abendmahl ermögliche, konnte Zwingli dies nicht akzeptieren. Für ihn war das Abendmahl nur eine Erinnerung an das letzte Mahl Jesu.

zweite Reformation

Das Zerwürfnis zwischen Luther und Zwingli war unheilbar, und nach dem Anschluss der Oberdeutschen an die Lutheraner blieben der lutherische und der reformierte Zweig der Reformation übrig – 1549 kam es mit dem „Consensus Tigurinus" zu einer Übereinkunft zwischen den Reformatoren in Zürich und Genf. In Deutschland etablierte sich der reformierte Zweig durch die „zweite Reformation" im späteren 16. Jahrhundert, in deren Folge lutherische Landesfürsten die reformierte Konfession annahmen. Dies betraf vor allem die Kurpfalz und Brandenburg, das spätere Preußen.

3. Die Konfessionalisierung Europas

Frankreich

In Frankreich blieben reformatorische, vor allem von Genf ausgehende Strömungen solange geduldet, wie der französische König Franz I. (1494–1547) sie gegen seinen Rivalen, Kaiser Karl V., nutzen konnte. Die französischen Reformierten, die dann als „Hugenotten" bekannt wurden, organisierten sich 1559 auf einer Nationalsynode, erlebten aber zugleich Unterdrückung und Verfolgung, die durch das Toleranzedikt von Nantes im Jahre 1598 nur kurzzeitig gemildert wurde. Ludwig XIV. (1638–1715) besiegelte die schon längst wieder eröffnete Repression im Jahre 1685 durch ein gesetzliches Verbot, das die Protestanten zur Auswanderung, zur Konversion oder zur Selbstverleugnung zwang. Konfessionelle Toleranz brachte erst die Französische Revolution mit sich.

katholische Staaten

In Spanien, Portugal und den auf italienischem Boden liegenden Staaten konnten Protestanten kaum überleben. In norditalienischen Bergtälern lebende Waldenser, die sich der Reformation anschlossen, mussten heftiger Verfolgung trotzen. Im Habsburgerreich gelang es Protestanten nur dort zu überdauern, wo sie wie in Kärnten unauffällig lebten oder wie in Ungarn und Siebenbürgen durch ältere Toleranzbestimmungen leidlich geschützt waren. Polen, wo die Reformation im Adel stark verankert war, wurde erst im Zuge der Gegenreformation zu einem katholischen Land.

England

In England hatte König Heinrich VIII. (1491–1547) mit dem Papst gebrochen, um sich 1534 selbst zum Oberhaupt der Kirche von England zu machen – der unmittelbare Anlass war die Verweigerung der kirchlichen Anerkennung seiner Ehescheidung. Bis zur Durchsetzung der Reformation im theologischen Sinne war es aber noch ein längerer Weg. Erst Königin Elisabeth I. (1533–1603) etablierte gegen immer wieder aufflammende altgläubige Widerstände eine anglikanische Staatskirche, die äußerlich in vielem katholisch war, aber in den 1571 eingeführten „39 Artikeln" eine reformatorische Lehrgrundlage hatte.

Nordeuropa

In Nordeuropa, dessen dominierende Größe Schweden darstellte, setzte sich die Reformation ebenfalls erst gegen Widerstände durch. Anders als in Deutschland, aber vergleichbar mit England blieb die bischöfliche Hierarchie erhalten, die zur Stütze einer lutherischen Staatskirche wurde. Der schwedische Einfluss im Ostseeraum gab dem Luthertum im Baltikum, vor allem im späteren Estland, Rückhalt. Von Dänemark ausgehender lutherischer Einfluss wiederum machte sich in den mit Dänemark verbundenen deutschen Herzogtümern Schleswig und Holstein bemerkbar. Hier wie in ganz Norddeutschland war der Reformator Johannes Bugenhagen (1485–1558) als Verfasser von Kirchenordnungen tätig.

Toleranz

Wo die Reformation sich durchsetzte, verband sie sich eng mit dem Staatswesen, sodass das Staatsoberhaupt – sei es ein Monarch oder der Rat einer Reichsstadt – zugleich Kirchenoberhaupt war. Nicht nur Katholiken, sondern auch protestantische Nonkonformisten hatten unter der damit verbundenen Intoleranz zu leiden. Der Kampf dieser Abweichler gegen staatskirchliche Bevormundung sollte das neuzeitliche Toleranzdenken beflügeln, wie überhaupt die Konkurrenz der Wahrheitsansprüche schon vor der Aufklärung nach ihrem Ausgleich fragen ließ. In England und den Niederlanden wurde diese Frage ungleich dringender gestellt und nach Lösungen gesucht als etwa in Deutschland.

Kontrollfragen:

Kontrollfragen

1. Charakterisieren Sie das Wirken Zwinglis und Calvins.
2. Welche Differenz besteht zwischen der Abendmahlslehre Luthers und Zwinglis?
3. Nennen Sie ein Beispiel für die Reformation in einem europäischen Land.

4.3 Das konfessionelle Zeitalter

Konfessionalisierung

Grundsätzlich ließ sich die Konkurrenz zwischen den großen Konfessionen nicht anders aushalten als durch Abgrenzung. Ein Territorium oder eine Reichsstadt nahm die Reformation an oder schloss sie aus. Dieser Prozess reichte weit bis ins 16. und noch ins 17. Jahrhundert hinein, und aus ihm gingen in der Regel konfessionell geschlossene Gebiete hervor, in denen Politik, Kultur, Recht und das weit in den öffentlichen Raum hineinreichende Wirken der Kirchen konfessionell geprägt waren.

1. Die konfessionellen Konflikte des 16. Jahrhunderts in Deutschland

Karl V.

In der ersten Hälfte des 16. Jahrhunderts schien eine Wiederannäherung oder gar eine Wiedervereinigung der Konfessionen noch greifbar zu sein. Karl V. drängte darum 1540 auf Religionsgespräche zwischen altgläubigen und reformatorischen Theologen, die aber wie alle späteren Versuche dieser Art scheiterten: Reformation und Konfession waren schon längst keine bloß theologischen Themen mehr. Ein anderer Weg, der ebenfalls vom Kaiser beschritten wurde, war der der Gewalt. Anders als in Frankreich aber setzte die territoriale Zersplitterung des Deutschen Reiches dem Zugriff des Kaisers von vornherein Grenzen: Die Reformation konnte unter dem Schutz einzelner Fürsten und Stadträte gedeihen.

Augsburger Interim

Dass aus der konfessionellen Konfrontation eine politische und daraus folgend eine militärische werden könnte, war schon in den 20er-Jahren des 16. Jahrhunderts deutlich. Bündnisse formierten sich, doch kam es erst 1546 im Schmalkaldischen Krieg zum militärischen Konflikt. Nach wenigen Monaten waren die Kräfteverhältnisse klar: Die Truppen der reformatorischen Territorien waren besiegt, der Kaiser schien nun freie Hand in der Konfessionspolitik zu haben. Allerdings war auch klar, dass sich das Rad nicht mehr gänzlich und auf einmal zurückdrehen ließ. So sollte 1548 auf einem Reichstag mit dem „Augsburger Interim“ eine Zwischenlösung bis zur endgültigen Regelung der Konfessionsfrage gefunden werden. Beim Laienkelch und der Priesterehe sollte es bleiben, doch sollte eine Rückorientierung auf das alte Kirchenwesen erfolgen.

Augsburger Religionsfriede

Alsbald kam wieder Bewegung in die Dinge, nämlich durch Moritz von Sachsen (1521–1553): Von seinem Vater Heinrich (1473–1541), der 1539 die Reformation aus dem nachbarlichen Kurfürstentum Sachsen importiert hatte, hatte er den evangelischen Glauben übernommen. Auf der Seite des Kaisers in den Schmalkaldischen Krieg zu ziehen, erschien ihm opportun, waren ihm dafür doch das Nachbarterritorium und dessen Kurfürstenwürde versprochen worden. Auf die Erfüllung anderer Versprechungen wartete Moritz nach dem Sieg der kaiserlichen Sache über die Truppen der protestantischen Stände vergebens, und die auf eine Rekatholisierung zielende Politik des Kaisers wollte er nicht mittragen. Unter Beteiligung Philipp Melanchthons wurde mit seiner Rückendeckung eine Variante des Augsburger Interims entwickelt, die den kaiserlichen Vorstellungen nach außen hin entgegenkommen sollte, die aber den theologischen Kern der Reformation schützen wollte, indem sie kirchliche „Äußerlichkeiten“ zu „Adiaphora“, also zu Unwägbarkeiten, erklärte. Moritz wechselte schließlich die Seite und brachte Karl V. durch einen geschickten Heerzug in Bedrängnis. Dadurch wurde eine gewisse konfessionspolitische Parität hergestellt, die 1552 zum „Passauer Vertrag“ und 1555 zum „Augsburger Religionsfrieden“ führte. Der Ausweg aus dem Dilemma sollte nun eine schiedlich-friedliche Koexistenz sein. Die Kompetenz, über die konfessionelle Prägung (religio) eines Territoriums (regio) zu entscheiden, wurde in die Hände der Fürsten gelegt: „cuius regio, eius religio“. Minderheiten waren unerwünscht, durften aber immerhin, um einer Verfolgung zu entgehen, auswandern.

Reformierte

Schon die „zweite Reformation“ brachte diesen Rechtsrahmen ins Wanken: Die reformierte Konfession war im Augsburger Religionsfrieden gar nicht vorgesehen, sondern nur die lutherische und katholische. Die konfessionellen Spannungen zwischen altgläubig und reformatorisch Gesinnten blieben ohnehin.

2. Der frühneuzeitliche Katholizismus

Konzilspläne

Aus den „Altgläubigen“ wurden im Zuge der Reformation alsbald Katholiken. Mit der Konfessionalisierung bildete sich eine katholische Identität aus, die auf das Mittelalter zurückgriff, Traditionen aber auf neue Herausforderungen hin transformierte und Zeitgemäßes hinzufügte. Die Reformation war nicht zuletzt eine Antwort auf länger beklagte Defizite gewesen, und die altgläubige Konfession war in einem gewissen Zugzwang. So kamen wieder Pläne für ein Konzil auf, mit dem sich auch Hoffnungen auf die Wiedervereinigung der Konfessionen verbanden. Diesen Plänen erteilte Luther 1537 mit den Schmalkaldischen Artikeln eine Absage, denn was wäre anderes zu erwarten gewesen als eine Herrschaft des Papstes. Das Konzilsprojekt war auch zwischen Kaiser und Papst strittig, da Karl V. Initiativen für eine Kirchenreform erwartete, während den Päpsten eher der Sinn nach einem Ketzergericht stand.

Konzil von Trient

1545 trat das Konzil endlich in Trient zusammen. Die Wahl des Ortes zeigte, dass der Kaiser die Verhandlungen nicht der

Aufsicht des Papstes überlassen wollte, denn Trient lag gerade noch auf dem Boden des Deutschen Reiches. Ob an dem Konzil protestantische Vertreter teilnehmen sollten, war strittig, und als solche erschienen, spielten sie keine Rolle. Das Konzil, das mit Unterbrechungen bis 1563 tagte, befasste sich mit den zentralen Differenzmerkmalen zwischen den Konfessionen, aus denen eine eigene Position abgeleitet wurde. Viele Themen wurden mehrmals behandelt, da die innerkatholische Meinungsbildung ihre Zeit brauchte. Die reformatorische Rechtfertigungslehre wurde verworfen: Die Gnade allein sollte ohne die menschliche Antwort im Glauben und in guten Werken nicht wirken können. Die Bibel sollte nicht in den Ursprachen, sondern in der kirchlich verbürgten lateinischen „Vulgata" studiert und auf der Grundlage der kirchlichen Tradition interpretiert werden. Die mittelalterlichen Riten wurden befestigt und damit für die Barockzeit tauglich gemacht. Die Siebenzahl der Sakramente wurde festgeschrieben, ebenso die Messopferlehre: Man ging davon aus, dass der Priester in der Eucharistie das Opfer Christi noch einmal vollziehe. In diesem Zuge erlangte das Fronleichnamsfest besondere Bedeutung: Es sollte durch Prozessionen mit der Hostie die Transsubstantiationslehre zur Darstellung bringen. Das Anliegen der Kirchenreform kam zwar zur Sprache, stand aber letztlich im Belieben des Bischofs, der nun ein Priesterseminar einrichten, die Pfarrer seines Bistums sorgfältig aussuchen und seine Gemeinden visitieren sollte. Von nachhaltiger Wirkung war die Vereinheitlichung der Gottesdienstordnung: Die tridentinische, lateinische Messe wurde nun zur Norm bis ins 20. Jahrhundert hinein.

Gegenreformation

Die „Gegenreformation" – ein Begriff, an dessen Stelle häufig die katholische Konfessionalisierung getreten ist – konnte auf den Beschlüssen von Trient aufbauen. Der von Ignatius von Loyola (1491–1556) gegründete Jesuitenorden wurde zum Hauptträger dieser Bewegung, die er vor allem in ordenseigenen Schulen verbreitete. Zur Gegenreformation gehörten auch katholische Reformbewegungen, die auf eine Besserung des Klerus und eine Intensivierung der Laienfrömmigkeit zielten. Prozessionen und Wallfahrten, Heiligen- und Sakramentsfrömmigkeit waren prägende Elemente. Im barocken Kirchenbau mit seinen Hochaltären und in der bildenden Kunst mit ihrer Darstellung von Heiligen und Kirchenlehrern kam das dahinter stehende Programm zum Ausdruck. Die Kehrseite waren Tendenzen hin zu einer Verinnerlichung, für die eine katholische Mystik und der auf die Theologie des Augustinus zurückgreifende und nach Cornelius Jansen (1585–1638) benannte „Jansenismus" stehen.

Katholisches Staatskirchentum

Alle diese Bewegungen fielen in die Zeit des frühneuzeitlichen Staatskirchentums, das den Papst gerne in weiter Ferne sah und sich römische Einmischungen in kirchliche Fragen verbat, die oft zugleich innenpolitische Fragen waren. Der französische „Gallikanismus" oder der österreichische „Josephinismus" setzten dem römischen Einfluss enge Grenzen.

3. Dreißigjähriger Krieg und Westfälischer Friede

Anfänge

Auslöser des Dreißigjährigen Krieges war die Wahl des protestantischen Fürsten Friedrich von der Pfalz (1596–1632) durch die böhmischen Stände im Jahre 1619. Die Wahl war der Versuch, sich der Abhängigkeit von den katholischen Kaisern – konkret Ferdinands II. (1578–1637) – zu entziehen. Dieses Aufbegehren wurde unterdrückt, ein katholisches Heer schlug den „Winterkönig" 1620 in der Schlacht am Weißen Berg in der Nähe von Prag. Die Pfalz, Friedrichs Stammland, wurde von kaiserlichen Truppen besetzt, und der Zeitpunkt schien gekommen, den Protestantismus in seine Schranken zu weisen. Der Heerführer Albrecht von Wallenstein (1583–1634) organisierte Feldzüge bis in den norddeutschen Raum hinein. Sein Hauptgegner war der dänische König Christian IV. (1577–1648), der wiederum die Möglichkeit einer Ausdehnung seiner Macht sah. Wieder schien die kaiserliche Seite den Sieg davonzutragen: 1629 zog sich der dänische König nach schweren Niederlagen in einem Sonderfrieden aus dem Kriegsgeschehen zurück.

Gustav Adolf

Die Folge des Triumphes der katholischen Seite war das „Restitutionsedikt" von 1629: Die protestantischen Territorien sollten die alten kirchlichen Besitzverhältnisse wiederherstellen. Dies hätte die Restitution der inzwischen von evangelischen Fürsten übernommenen Bistümer wie Verden oder Meißen mit sich gebracht. In dieser Situation erschien jener Mann auf dem Schlachtfeld, den Protestanten als einen neuen Konstantin, Katholiken aber als Werkzeug des Antichrist ansahen: Der schwedische König Gustav Adolf II. (1594–1632) ließ seine Ambitionen an der polnischen und baltischen Ostseeküste ruhen und wandte sich dem deutschen Kriegsschauplatz zu. Sein Sieg bei Breitenfeld in der Nähe von Leipzig im Jahre 1631 brach die Vormacht der kaiserlichen Seite. Dass der König im folgenden Jahr bei Lützen, wiederum vor den Toren Leipzigs, fiel, tat dem schwedischen Engagement kaum Abbruch; die protestantische Propaganda sah nun in Gustav Adolf einen Märtyrer.

Friedens-regelungen

Ein in Prag 1635 geschlossener Friede hätte das Ende der Konflikte sein können, doch war der Krieg längst ein europäischer geworden: Neben Schweden war auch Frankreich mit im Spiel, und die beiden konfessionell so unterschiedlichen Mächte standen miteinander auch noch im Bunde. Die Kämpfe flammten wieder und wieder auf, bis man 1644 in Münster und Osnabrück in Friedensverhandlungen eintrat. 1648 konnte endlich der Westfälische Doppelfriede geschlossen werden. Die Friedensverträge knüpften an den Augsburger Religionsfrieden an und bezogen nun die reformierte Konfession ein. Zum Maßstab der konfessionellen Bekenntnis- und kirchlichen Besitzverhältnisse wurde das Jahr 1624 gemacht, das vor den großen Kämpfen lag. Die Folge waren oft lange Streitigkeiten um die Wiederherstellung des damaligen Zustands. Anders als 1555 erhielten konfessionelle Minderheiten nun gewisse Schutzrechte: Private und familiäre Religionsausübung war erlaubt, allerdings nicht in Bayern und Österreich. Auf Reichsebene sollte die Parität der Konfessionen gelten: Im Reichstag konnten die protestantischen Stände bei konfessionellen Fragen nicht mehr überstimmt werden. In einigen gemischtkonfessionellen Städten – das wichtigste Beispiel war Augsburg – sollten Ämter abwechselnd besetzt werden.

Kontrollfragen:

Kontrollfragen

1. Worum ging es auf dem Konzil von Trient?
2. Was beinhaltet der Westfälische Friede?

4.4 Altprotestantische Orthodoxie, Pietismus und Aufklärung

Protestantische Strömungen

Von den Anfängen der Reformation an gab es einen innerprotestantischen Pluralismus, der sich nicht nur in den verschiedenen Zweigen der Reformation zeigte, sondern auch an innerlutherischen und innerreformierten Differenzen. In der Frühen Neuzeit entstanden drei protestantische Strömungen, die miteinander konkurrierten und deren Vertreter sich oft auf Kosten der anderen zu profilieren versuchten.

1. Die altprotestantische Orthodoxie

Gnadenlehre

Schon zu Luthers Lebzeiten hatte es Streit um zentrale Fragen seiner Theologie gegeben; diese verstärkten sich nach Luthers Tod. Im Mittelpunkt stand die Frage, ob der Mensch wirklich allein aus Gottes Gnade das ewige Heil erlangen könne oder ob nicht doch seine Mitwirkung erforderlich sei. Hinzu kamen Konflikte um die Auslegung Luthers, bei denen die „Gnesiolutheraner", die „Edellutheraner" also, ihre Gegner als „Kryptocalvinisten" oder „Philippisten", nämlich als Anhänger des als zu nachgiebig erachteten Melanchthon verunglimpften.

Bekenntnisschriften

Für die lutherischen Fürsten, die ein einheitliches Kirchenwesen auf einheitlicher Lehrgrundlage wünschten, waren diese Konflikte ärgerlich. So drängten sie auf ein Ende der Streitigkeiten und beauftragten Theologen mit der Formulierung eines Ausgleichs. Das Ergebnis war die 1577 verabschiedete Konkordienformel, die 1580 zusammen mit anderen zentralen Schriften wie Luthers Katechismen und der „Confessio Augustana" in das Konkordienbuch aufgenommen wurde, das bis heute die maßgebliche Sammlung lutherischer Bekenntnisschriften ist. Auf reformierter Seite blieb die Bekenntnisbildung unabgeschlossen. Nachhaltige Bedeutung bekamen die von Heinrich Bullinger (1504–1575) verfasste „Confessio Helvetica Posterior", also das „Zweite Helvetische Bekenntnis" von 1566, und ebenso der „Heidelberger Katechismus" von 1563.

Bibel

Damit war eine Grundlage für die lutherische und die reformierte Lehrbildung geschaffen, die erst im 19. Jahrhundert „Altprotestantische Orthodoxie“ genannt wurde. Die Lehren der Reformatoren wurden nun systematisiert und wie im Mittelalter in großen „Summen“ präsentiert. Eine Vorstufe solcher Systematisierung waren Melanchthons 1521 erstmals erschienene und wie Calvins „Institutio“ später umgearbeitete „Loci communes“. An der Spitze altprotestantischer Dogmatiken stand die Lehre von der Bibel, dann folgten die Trinitätslehre, die Christologie und andere Themen. Unter den Theologen dieser Richtung stehen für die Frühzeit Johann Gerhard (1582–1637) und für die Spätphase David Hollaz (1648–1713). Aus der Systematisierung der Tradition der Reformatoren entwickelten sich auch ganz neue Lehren wie die der „Verbalinspiration“. Dabei ging es um die Vorstellung, dass der Bibeltext Wort für Wort von Gott selber oder dem Heiligen Geist diktiert worden war. Die Berufung auf die Bibel hatte in der Orthodoxie also einen anderen Charakter als bei Luther, dem es nicht um ein schlichtes Wörtlichnehmen ging, sondern um ein hermeneutisch reflektiertes Fragen nach der Mitte der Schrift, nach Christus und dem „Evangelium“.

scientia practica

Die Altprotestantische Orthodoxie entwickelte trotz ihrer Orientierung an der Bibel ein eigenes Gedankensystem, das schon auf neue Herausforderungen antworten musste. Zu ihnen zählte der Deismus, der eine Offenbarung aus der Bibel ablehnte und die christliche Gottesvorstellung radikal infrage stellte. Die Altprotestantische Orthodoxie bekam es mit dem zu tun, was sie selbst „Atheismus“ nannte. Sie wollte nun die Frömmigkeit bestärken, dies aber auf einer verbindlichen, lehrmäßigen Grundlage. Die orthodoxen Theologen beschrieben die Theologie gern als „scientia practica“, als praktische Wissenschaft, da sie der Beförderung des Seelenheiles diene. Der Mensch sollte recht glauben und handeln, er sollte wissen und glauben, dass ihm das Heil durch die Rechtfertigung zugeeignet ist, aber nur wenn er das Rechte glaubt, kann er auch selig werden.

2. Der Pietismus

Arndt

Die Pietisten – ein Name, der im Sinne von „Frömmler“ eigentlich ein Schimpfwort war – ziehen die Altprotestantische Orthodoxie einer Konzentration auf die Lehre, bei der die Frömmigkeitspraxis zu kurz komme. Genau diese wollte der Pietismus stärken. Er war Teil einer europaweiten Frömmigkeitsbewegung, die mit der evangelischen Eigenverantwortung des Glaubens Ernst machen wollte und der die kirchliche Vergesellschaftung der Frömmigkeit nicht genug war. Ein früher Vertreter dieser Bewegung war Johann Arndt (1555–1621), der Autor der 1605 bis 1610 veröffentlichten „Vier Bücher vom wahren Christentum". Für Arndt waren die persönliche Aneignung des Glaubens und der Ruf zur Buße zentral. Hier ist der Gedanke angelegt, dass es nicht genügt, die wahre Lehre zu kennen; sie muss auch verinnerlicht werden.

Spener

Der erste wichtige Vertreter des Pietismus in Deutschland war Philipp Jakob Spener (1635–1705). Sein Programm formulierte er in seinen „Pia Desideria, oder herzliches Verlangen nach gottgefälliger Besserung der wahren evangelischen Kirche" von 1675. Spener diagnostizierte einen Mangel an wahrem Glauben. Grundlage wahrer Frömmigkeit sollte das Bibelstudium sein. Was für Spener in der Orthodoxie nur Lehre war – nämlich die Rechtfertigung und die Umkehr des Menschen –, das sollte der Einzelne verwirklichen. Daraus wurde der Gedanke der „geistlichen Wiedergeburt", die also nicht mit der Taufe identisch war. Luthers Rede vom Priestertum aller Gläubigen sollte so neu formuliert werden. Spener ging aber nicht davon aus, dass dies allen Menschen gegeben sei. Der Pietismus zielte auf das, was man argwöhnisch „Konventikelwesen" nannte, was Spener und andere aber „ecclesiola in ecclesia" nannten, also die wahre Kirche in der Volkskirche. Neben der Förderung der Frömmigkeit war Spener eine Reform der Theologenausbildung wichtig, durch die die Frömmigkeit der Pfarrer gefördert werden sollte.

Arnold

Schon bald kam es zur Konfrontation mit der Altprotestantischen Orthodoxie, zumal sich der Pietismus in Teilen radikalisierte und die Kirche als Institution ablehnte. Der pietistische Kirchenhistoriker Gottfried Arnold veröffentlichte 1699/1700 seine „Unparteiische Kirchen- und Ketzerhistorie", in der er versuchte, in ketzerischen Strömungen die wahren Frommen wiederzufinden, die aber immer von der machtgierigen Kirche verfolgt worden seien. Der Sündenfall in der Kirchengeschichte war für Arnold die Konstantinische Wende, die die Kirche in Abhängigkeit vom Staat gebracht habe. Arnold neigte wie Spener dazu, die Altprotestantische Orthodoxie als erstarrt abzuwerten, um den Pietismus umso heller zum Strahlen zu bringen. Für Arnold waren viele Ketzereien früherer Jahrhunderte eine Vorabbildung des zeitgenössischen Pietismus, der wie die frühen Ketzer vom Staat verfolgt wurde.

Francke Andererseits wurde der Pietismus auch zu einer starken Kraft innerhalb der Kirche: August Hermann Francke (1663–1727) war stark von Spener geprägt. Insbesondere auf Francke aber ging das zurück, was typisch für den Pietismus wurde, nämlich das Bekehrungserlebnis. Pietisten konnten Tag und Stunde nennen, zu der sie sich zum wahren Glauben bekehrt hatten, und dies nach harten inneren Kämpfen, dem „Bußkampf". Damit verstärkte sich der pietistische Individualismus. Francke hatte in Leipzig ein pietistisches Collegium, also ein frommes Konventikel, gegründet und war deshalb, auch auf Betreiben der Theologischen Fakultät, aus der Stadt verwiesen worden. In Leipzig wie in ganz Sachsen wurde der Pietismus bekämpft. Francke fand Zuflucht in Glaucha bei Halle, wo er als Pfarrer angestellt wurde. In Brandenburg-Preußen waren die Pietisten willkommener, und so konnte Francke in Halle nachhaltig wirken, nämlich durch die von ihm begründeten Anstalten, zu denen ein Waisenhaus und Bildungseinrichtungen gehörten. Franckes Tätigkeit hatte auch Auswirkungen auf die Theologenausbildung in Halle. Dem Pietismus wohnte also ein starker Bildungsimpuls inne, der ihn für den preußischen Staat attraktiv machte. Anders als Strömungen, die ganz auf die Innerlichkeit setzten, wollte Francke die Lebenswelt der Menschen verbessern.

Zinzendorf In den Pietismus hinein gehört auch der Gründer der „Herrnhuter Brüdergemeine", Nikolaus von Zinzendorf (1700–1760), der Kontakte in viele Lager hinein hatte, auch in die der Orthodoxie und der Aufklärung. Zinzendorf wollte ebenfalls die wahrhaft Frommen sammeln, und dies sollte sogar überkonfessionell geschehen, ohne dass es ihm um eine neue Kirche gegangen wäre.

3. Die Aufklärung

Aufklärung und Pietismus

Die Aufklärung war für den Pietismus ein noch wichtigerer Widerpart als die Altprotestantische Orthodoxie, machte sie doch die Vernunft zum obersten Prinzip. Immerhin hatten Pietismus und Aufklärung die Individualisierung des Glaubens und den Bildungsimpuls gemeinsam, und insofern waren sie tatsächlich Konkurrenten. Die Aufklärung war ebenso wenig ein geschlossenes System wie der Pietismus: Strittig war vor allem, in welchem Verhältnis die Offenbarung, also letztlich die Bibel, zur Vernunft stehen sollte. Die deutschen Aufklärer konnten hier im christlichen Sinne durchaus gemäßigt sein.

Neologie

Allerdings stießen Versuche einer Synthese von Glaube und Vernunft zunehmend auf Kritik. In der zweiten Hälfte des 18. Jahrhunderts formierte sich die „Neologie", die also eine „neue Lehre" sein wollte. Die Neologen setzten ganz auf die Vernunft und kritisierten den Offenbarungsanspruch in der Theologie. Die Inhalte der Bibel und der kirchlichen Lehren, die Dogmen, wurden auf den Prüfstand der Vernunft gestellt. Der wichtigste Vertreter der Neologie war Johann Salomo Semler (1725–1791), der in Halle lehrte. Semler kritisierte das Bibelverständnis der Zeit, das oft von dem Gedanken der Verbalinspiration geprägt war. Er las wie viele Aufklärer die Bibel in dem Sinne, dass sie eine innere Mitte haben müsse. Diese wurde gesehen im Ruf zur moralischen Vollkommenheit und zur inneren Glückseligkeit. Die Bibel wurde also zum Erbauungsbuch und Tugendkatalog. Semler arbeitete auch heraus, dass vieles in der Bibel zeitbedingt sei. Die Neologie fand im 19. Jahrhundert ihre Fortsetzung im Rationalismus, der schon dem Namen nach ganz an der Vernunft orientiert war.

Ethik

Die Aufklärung war bei Weitem nicht das Schreckgespenst, zu dem sie später gern gemacht wurde. Ihr ging es um eine Modernisierung der Religion im Sinne einer verbesserten Alltagstauglichkeit. Insofern zielte sie auch auf eine Verbesserung der kirchlichen Praxis im Sinne einer Vereinfachung: Die Zahl der Bußtage wurde auf einen reduziert, Predigten mit zeitgemäßen Anliegen angereichert, Gesangbuchlieder mit neuen, vernunftgemäßen und handlungsorientierten Texten versehen. Überhaupt konnte die Aufklärung häufig am ehesten als handlungsleitendes Ethos verstanden werden und war darin wiederum mit dem Pietismus verwandt.

Lessing

Die christliche Aufklärung, dies wird schon an Semler sichtbar, brachte eine innertheologische Kritik an den Traditionen mit sich. Diese konnte sich sehr radikal auswirken. Hermann Samuel Reimarus etwa (1694–1768), in Hamburg Professor für orientalische Sprachen, lehnte die Auferstehung Jesu ab und deutete sie als Diebstahl der Leiche Jesu durch seine Jünger. Die entsprechenden Texte aus Reimarus' Feder wurden aber erst nach seinem Tod veröffentlicht, und das durch Gotthold Ephraim Lessing (1729–1781). Lessing wiederum war es, der vom „garstigen Graben" sprach, der seine Zeit von der Zeit Jesu trennte, sodass die Wunder, die Jesus getan haben mochte, für ihn und seine Zeit keine Bedeutung mehr hätten.

Kant

Die deutsche Aufklärung kam zu ihrem Höhepunkt durch Immanuel Kant (1724–1804), der ebenfalls die Religion dem Bereich der Sittlichkeit zuordnete: Man erfährt Gott im moralischen Imperativ, im eigenen Gewissen, also in dem, was Luther „Gesetz" nannte. Die moralische Vollkommenheit wird man aber erst in der Unsterblichkeit erlangen, und um diese zu garantieren, bedarf es der Vorstellung eines Gottes.

katholische Aufklärung

Auf katholischer Seite gab es ähnliche Tendenzen: Auch hier ging es um Vereinfachung, nicht zuletzt angesichts der ausufernden barocken Frömmigkeitspraktiken. Als einen Sieg feierten die katholischen Aufklärer die Aufhebung des Jesuitenordens im Jahre 1773, galten die Jesuiten doch als Agenten der Finsternis und Feinde der Vernunft.

Kontrollfragen:

Kontrollfragen

1. Was ist die Altprotestantische Orthodoxie?
2. Was ist Pietismus?
3. Charakterisieren Sie das Anliegen der Aufklärung.

5. Die Neuzeit

„Neuzeit“

Kennzeichnend für das Selbstbewusstsein der „Neuzeit“ ist der Gedanke eines geschichtlichen Fortschritts. Allerdings begann diese Zeit nach dem Dreißigjährigen Krieg mit der Furcht vor neuen Katastrophen und mit dem Ringen darum, der neuen Multikonfessionalität in Gesellschaft, Politik und Recht Raum zu schaffen.

5.1 Das Staatskirchentum

Minderheiten

Die großen Konfessionen – Katholiken, Lutheraner und Reformierte – waren fest in den Staat integriert, jedenfalls dort, wo eine von ihnen die bevorzugte Konfession war. Den anderen blieb nur eine Minderheitenrolle minderen Rechtes. Noch prekärer war die Stellung der Bewegungen, die sich nicht in die etablierten evangelischen Konfessionen integrierten. Bestreiter der Trinitätslehre, Anhänger der Entscheidungstaufe oder Vertreter staatsunabhängiger Kirchenleitung waren nur einige unter ihnen.

1. Die staatlichen Kirchenreformen

Staatliche Kirchenhoheit

Die staatliche Kirchenhoheit ließ den Kirchen wenig Raum für Selbstverwaltung und innere Reform – auch da, wo es wie im Katholizismus und im protestantischen Nordeuropa Bischöfe als geistliche Oberhäupter gab. Das Papsttum konnte seine aus dem Tridentinum resultierenden Ansprüche kaum realisieren, waren doch die katholischen Bischöfe nicht nur in Deutschland zugleich adligen Ranges und dem Herrscher mehr verpflichtet als dem Papst.

Reformen

Staat und Kirche begannen erst im 19. Jahrhundert, sich voneinander zu emanzipieren, doch erwies sich schon im Laufe des 18. Jahrhunderts das Staatskirchensystem als zu starr. Die Unterdrückung von Minderheiten widersprach dem zeitgemäßen Nützlichkeitsdenken: Man wollte Arbeits- und Fachkräfte im Lande halten. Gerade in katholischen Staaten wurde die Kirche aufgrund ihres gesellschaftlichen Einflusses und ihrer Besitzungen als reformbedürftig angesehen. Modernisierung hieß hier noch stärkere Integration des Klerus in den Staat und Säkularisation von Kirchengut. In milderer Form vollzog sich dies auch in protestantischen Staaten, doch spielte in ihnen das kirchliche Vermögen eine geringere Rolle, da es der Staat in der Reformation ohnehin zu großen Teilen enteignet hatte. Allenthalben machten sich Reformen bemerkbar, die sich auf das kirchliche Leben auswirkten: Dies gilt für die Verlegung von Friedhöfen vor die Stadt wie für die Einschränkung von Prozessionen, die Reduzierung von Heiligen-, aber auch protestantischen Bußtagen und die Aufhebung von Klöstern.

Staatskirchentum

In Preußen bildete das Allgemeine Landrecht von 1794 die Grundurkunde staatlicher Kirchenpolitik. Charakteristisch dafür war eine Einbeziehung der „Religionsgesellschaften" – gemeint waren die Kirchengemeinden – in den Staatsaufbau. Kirche und Religion, beide eng mit dem Volksschulwesen verbunden, waren zuständig für die Absicherung der staatlichen Autorität gegenüber den Untertanen. Die kirchlichen Finanzen standen unter staatlicher Aufsicht, die Geistlichen waren faktisch staatliche Funktionsträger. Dieses staatskirchliche Modell galt im Wesentlichen auch in den anderen europäischen Staaten. Die Trennung von Staat und Kirche in den Vereinigten Staaten war das Gegenmodell dazu: Die individuelle Religionsfreiheit sollte sich dort frei und unbehelligt von staatlicher Kirchen- und Konfessionspolitik entfalten können.

Josephinismus

Die staatliche Kontrolle der Kirchen hatte da ihre Vorzüge, wo die Kirchen in staatliche Modernisierungsprozesse hineingenommen wurden. Dies galt in hohem Maße für Österreich und die ganze Habsburgermonarchie, in der Kaiserin Maria Theresia (1717–1780) und ihr Sohn Joseph II. (1741–1790) eine Reihe staatskirchlicher Reformen ins Werk setzten, die unter dem Namen „Josephinismus" bekannt sind. Durch die Schließung von Klöstern, durch Säkularisationen also, wurden Finanzmittel frei,

…icht nur für staatliche Zwecke, sondern auch für den Aus- …Pfarrseelsorge genutzt wurden. Die Ausbildung der ka- …eistlichen wurde verbessert und die barocke Fröm- …en zeitgemäßen Maßstäben von Schlichtheit und …eschränkt – solche Maßnahmen blieben nicht

Französische Revolution

…sischen Revolutionäre versuchten sich an ei- …enreformprogramm, das 1790 in der „Zi- …us" festgelegt wurde. Ganz in der Tradi- … (s. o. 4.3.2) wollte man die katholische …t integrieren. Dazu wurden die Diöze- …tsgrenzen angepasst. Die kirchlichen …olk gewählt und vom Staat besoldet …iches Vermögen in großem Umfang …en Ereignisse sprengten aber schnell …irche und Staat. Verfolgungen und …en, die die staatliche Kirchenpolitik … nachhaltig das Bild der Revolution. Nachdem Napoleon Bonaparte (1769–1821) die Revolution beerbt hatte, gab er im Zuge seiner inneren Befriedungspolitik der Kirche – nun nicht mehr nur der katholischen, sondern auch der protestantischen – einen festen Stand in Staat und Gesellschaft.

2. Die Toleranzgewährung für konfessionelle Minderheiten

Preußen

Das durch den Westfälischen Frieden fixierte Grundmodell war das von monokonfessionellen Staaten, in dem Minderheiten allenfalls geduldet wurden. Dieses Modell galt auch im europäischen Maßstab. Der Westfälische Friede von 1648 ermöglichte konfessionellen Minderheiten in der Regel keine freie öffentliche Religionsausübung. Preußen allerdings musste mehr als andere deutsche oder europäische Staaten darauf bedacht sein, die Interessen zwischen dem protestantischen und dem im 18. Jahrhundert vorwiegend in Schlesien beheimateten katholischen Bevölkerungsteil auszugleichen. So genossen Katholiken in Preußen eine gewisse politisch und rechtlich verbürgte Tolerierung, sie wurden zugleich aber argwöhnisch als mögliche Parteigänger Österreichs betrachtet.

Tolerierung

Der Duldungsrahmen des Westfälischen Friedens erstreckte sich nur auf Katholiken, Lutheraner und Reformierte. Für andere Strömungen, die sich ebenfalls aus der Reformation entwickelt hatten, war in ihm kein Platz; dies gilt beispielhaft für Mennoniten und Quäker. Sie waren auf die fallweise Duldung durch den Landesherrn angewiesen. Gründungen wie das holsteinische Friedrichstadt zeigten aber an, dass manche Fürsten – hier war es der dänische König – durchaus ein Interesse an Siedlern hatten, die nicht zu den großen Konfessionen gehörten. In Österreich, wo die Duldungsregelungen des Westfälischen Friedens nicht galten, war das Toleranzpatent Kaiser Josephs II. im Jahre 1781 ein entscheidender Durchbruch: Zuvor hatte sich der Protestantismus unter katholischer Dominanz nur im Geheimen entfalten können, jetzt konnten Protestanten sich in Gemeinden organisieren und in schlichten Bethäusern Gottesdienste feiern.

Nonkonformisten

In anderen europäischen Staaten spielten protestantische Strömungen, die nicht in den staatskirchlich erwünschten Kirchen aufgingen, eine eigene Rolle, und dies vor allem in England. Hier distanzierten sich Bewegungen von der anglikanischen Staatskirche, die auf eine Intensivierung der Frömmigkeit zielten. Die Existenz dieser „Dissenters“ oder Nonkonformisten wurde 1689 erstmals durch ein Toleranzgesetz (Toleration Act) anerkannt, allerdings war damit noch keine bürgerliche oder religiöse Gleichberechtigung verbunden.

Kontrollfragen:

Kontrollfragen

1. Charakterisieren Sie die Kirchenreformen im späten 18. Jahrhundert.
2. Was ist „Toleranz“ in der Frühen Neuzeit?

5.2 Die Entflechtung von Staat und Kirche

Entflechtung

Das Staatskirchentum wurde in Europa nach dem Wiener Kongress noch einmal befestigt. Allmählich aber traten Kirche und Staat in ein differenzierteres Verhältnis zueinander, sodass die im späten 19. und 20. Jahrhundert überall in Europa zu beobachtenden Tendenzen, sie zu trennen, nicht gänzlich neu waren.

1. Das Verhältnis von Kirche und Staat im 19. Jahrhundert

Reichsdeputationshauptschluss

Die Französische Revolution und ihr folgend die Politik Napoleons hatten unmittelbare Folgen für Deutschland: Das Heilige Römische Reich Deutscher Nation kollabierte unter dem Vordringen französischer Truppen an den Rhein. Der in Wien residierende Kaiser sah sich nur noch als Herrscher über Österreich und die mit ihm verbundenen Gebiete an. Vor allem kam es nun zu tief greifenden Umgestaltungen der deutschen Landkarte: Die von katholischen Bischöfen beherrschten Staaten – die geistlichen Fürstentümer also – wurden in größere eingeschmolzen und somit „säkularisiert". So fielen die bedeutendsten unter ihnen, die Kurfürst-Erzbistümer Köln, Mainz und Trier, an Preußen. Auf die gleiche Weise wurden Kleinstaaten, die weltlichen Herrschern gehörten, „mediatisiert". Unabhängig von der Inbesitznahme ganzer Gebiete wurde kirchlicher Besitz säkularisiert. Dies betraf vor allem die Klöster, deren Immobilien, Kunstschätze und Vermögen vom Staat eingezogen wurden. Ausgerechnet Bayern hatte hierbei eine Vorreiterrolle. Diese Maßnahmen erlangten durch einen Ausschuss des Reichstags, eine Reichsdeputation, 1803 Rechtskraft. Der „Reichsdeputationshauptschluss" markierte in politischer und gesellschaftlicher Hinsicht für die katholische Kirche in Deutschland einen tiefen Einschnitt: Die Bischöfe hatten nur noch eine geistliche Funktion, das klösterliche Leben brach für Jahrzehnte zusammen, Ordenshochschulen und Universitäten wurden geschlossen.

Konfessionelle Integration

Die Landkarte Deutschlands blieb durch die napoleonischen Kriege in Bewegung. Erst 1815 wurde sie auf dem Wiener Kongress neu fixiert. Die Grenzen der damaligen Staaten haben bis heute Bedeutung, denn sie entsprechen immer noch weithin den Grenzen der evangelischen Landeskirchen. Die deutschen Staaten hatten nun allesamt eine gemischtkonfessionelle Bevölkerung. Bayern hatte sich mit Schwaben und Franken bedeutende protestantische Landesteile angeschlossen, Baden sich um katholische Gebiete vergrößert, Preußen mit dem Rheinland und Westfalen katholische Bevölkerungsanteile hinzugewonnen. Die Verwaltung der neuen Gebiete und ihrer Bevölkerungsanteile stellte eine innenpolitische Herausforderung dar. Die Kirchenverwaltungen der aufgelösten Kleinstaaten mussten integriert werden, katholische Bischöfe hatten ihre Loyalität unter Beweis zu stellen, die Konflikte zwischen den Konfessionen mussten gemildert werden. „Mischehen“ zwischen Katholiken und Protestanten waren dazu ein geeignetes Mittel. Gerade sie aber führten zu erheblichen Spannungen mit der katholischen Kirche, und dies nicht nur in Preußen, sondern auch in Bayern. Erwartet wurde von der katholischen Kirche eine zustimmende Haltung zu solchen Ehen, was beinhaltete, dass sie deren Abschluss nicht durch die Forderung nach einer katholischen Erziehung der Kinder erschwerte. Genau das aber war der Fall.

Kölner Konflikt

Während die daraus erwachsenden Konflikte zwischen dem katholischen bayrischen König Ludwig I. (1786–1868) und Papst Gregor XVI. (1765–1846) einigermaßen geräuschlos geregelt werden konnten, kam es in Preußen zum Eklat. Hatte sich der Kölner Erzbischof Ferdinand August von Spiegel (1764–1835) noch darauf eingelassen, die preußische Politik zu tolerieren, war sein Nachfolger Clemens August von Droste-Vischering (1773–1845) dazu nicht mehr bereit, sondern suchte den Konflikt, indem er die Hürden für gemischte Ehen wieder erhöhte. Dies und auch sein Vorgehen gegen die ihm zu aufgeklärt erscheinenden, an der Bonner Katholisch-Theologischen Fakultät gelehrten Anschauungen des Georg Hermes (1775–1831) führten 1837 zu seiner Verhaftung und faktischen Absetzung. Erst unter dem seit 1840 regierenden preußischen König Friedrich Wilhelm IV. (1795–1861) war eine Aussöhnung mit der katholischen Kirche möglich; das Symbol dafür war der Weiterbau des seit dem Mittelalter unfertigen Kölner Doms, der 1880 vollendet wurde.

Union

Ein Teil staatlicher Konfessionspolitik war die „Union“ von Lutheranern und Reformierten. In Preußen, einem Staat mit mehrheitlich lutherischer Bevölkerung und einem reformierten Herrscherhaus, war dies ein Projekt des Königs, Friedrich Wilhelms III. (1770–1840). Es wurde von Theologen wie Friedrich Schleiermacher unterstützt, und der König konnte hoffen, dass es im Lande auf Zustimmung stoßen würde. Unerwartet aber provozierte der 1817 anlässlich des Reformationsjubiläums vorgetragene Unionsplan des Königs konfessionellen Widerstand unter den Lutheranern. Dieser steigerte sich noch, als Versuche unternommen wurden, die Union nicht nur ideell und als Abendmahlsgemeinschaft, sondern auch liturgisch durch eine verbindliche Agende und unter Schaffung eines gemeinsamen Bekenntnisses Gestalt gewinnen zu lassen. Manifest wurde die Opposition vor allem durch die „Altlutheraner", die in den 1830er-Jahren unterdrückt und verfolgt wurden und von denen viele auswanderten. Seit 1841 wurden sie toleriert und seit 1845 staatlich anerkannt.

Selbstverwaltung I

Im Zuge der preußischen Reformen zu Beginn des 19. Jahrhunderts war auch die Frage nach einer verstärkten Selbstorganisation der Kirche durch Synoden gestellt worden. Hierzu hatte Schleiermacher entscheidend beigetragen. Die Restauration nach 1815 ließ dann Synoden als zu demokratisch erscheinen, sodass die kirchliche Selbstverwaltung einstweilen weitgehend auf der Strecke blieb. Eine Ausnahme bildeten die preußischen Provinzen Rheinland und Westfalen, wo unter den Protestanten starke Traditionen der Selbstverwaltung durch Presbyterien (Kirchenvorstände) und Synoden lebendig waren. So musste der preußische Staat 1835 für diese beiden Provinzen eine eigene Kirchenordnung zulassen.

Revolution 1848

Die Revolution von 1848 brachte noch keinen entscheidenden Durchbruch für eine stärkere Unabhängigkeit der Kirchen vom Staat. Die Interessen staatlicher Kontrolle über die Kirche waren noch zu groß, und von der katholischen Kirche fürchtete mancher, ohne Staatsaufsicht werde sie sich zum Staat im Staate entwickeln. Tatsächlich hatte der Katholizismus vor 1848, nicht zuletzt auf dem Hintergrund des Mischehenstreites, eine bemerkenswerte politische Dynamik entfaltet. Von München aus beflügelte Joseph Görres (1776–1848) den politischen Katholizismus: Auf die Verhaftung des Kölner Erzbischofs hatte er mit dem „Athanasius" reagiert, einem Buch, in dem er das Programm einer stärkeren Unabhängigkeit von Kirche und Staat entwarf. Katholische Vertreter nahmen in der Revolution meistens eine ambivalente Haltung ein, aus der heraus bürgerliche Freiheiten begrüßt, aber an die Autorität der Kirche gebunden wurden. Nur auf dem Boden dieser Freiheiten waren 1848 der erste deutsche Katholikentag in Mainz und die erste deutsche Bischofskonferenz in Würzburg möglich. Auf offizieller evangelischer Seite überwog große Skepsis gegenüber der Revolution. Immerhin garantierte die von der in der Frankfurter Paulskirche tagenden Nationalversammlung 1849 verabschiedete Verfassung den Kirchen die selbstständige Verwaltung ihrer inneren Angelegenheiten. Dieses Recht wurde auch in die Preußische Verfassung übernommen, die im Gegensatz zur Paulskirchenverfassung tatsächlich in Kraft trat. Der Verwirklichung dieser Rechtsgarantie standen allerdings noch viele Widerstände entgegen.

Deutschkatholiken/ Freie Gemeinden

In der Paulskirche erhoben auch die Wortführer einer Strömung das Wort, die ganz auf Selbstorganisation und Unabhängigkeit vom Staat setzte: Dies waren die Deutschkatholiken. Ihr Sprecher war Robert Blum (1807–1848). Die Deutschkatholiken waren 1844 aus einer Protestbewegung gegen eine Wallfahrt nach Trier hervorgegangen, die vom preußischen Staat im Zuge der Befriedung der Konflikte um die Mischehen genehmigt worden war. Im Deutschkatholizismus paarten sich die Motive religiöser wie politischer Emanzipation. Dies galt auch für ihre protestantische Parallele, die Freien Gemeinden, die man etwas spöttisch „Lichtfreunde“ nannte. Sie hatten sich im Protest gegen die preußische Kirchenpolitik zusammengefunden. Deutschkatholiken und Freie Gemeinden verschwanden im Zuge der Restauration bald nach 1848 von der Bühne und lösten sich in die freireligiöse Bewegung hinein auf.

Selbstverwaltung II

Die Frage kirchlicher Selbstorganisation und Unabhängigkeit vom Staat blieb auf der Tagesordnung. Nach 1848 wurden die staatlichen Kirchenverwaltungen wenigstens formell zunehmend verselbstständigt – in Preußen hieß die zuständige Behörde nun „Evangelischer Oberkirchenrat“ –, und im späteren 19. Jahrhundert wurde auch die Einrichtung von Synoden und Kirchenvorständen zugestanden. Hinzu kam die Einführung der Kirchensteuer, die aber nur eine Ergänzung zur staatlichen Kirchenfinanzierung war. Das letzte Wort in kirchlichen Dingen hatte immer noch der Staat. Dies wurde von protestantischer Seite aus akzeptiert.

Geistliche Schulaufsicht

Ein deutliches Zeichen für eine Entflechtung von Kirche und Staat war der Kampf um die Geistliche Schulaufsicht, die konkret in der Aufsicht des Pfarrers über die örtliche Volksschule bestand. Im liberalen Baden war die Trennung von Kirche und Schule schon 1862 vollzogen worden, und auch in Preußen wurde sie immer wieder thematisiert, allerdings hielt der preußische Staat daran fest.

2. Der Kulturkampf

Kulturkampf

Der Kulturkampf war nur an der Oberfläche ein Kampf um „Kultur", also um die Dominanz von Protestantismus und Liberalismus gegenüber einem als finster erachteten Katholizismus. Auch wenn Otto von Bismarck (1815–1898) als preußischer Ministerpräsident und Reichskanzler der entschiedenste Protagonist des Kulturkampfes war, war dieser nicht nur ein preußisches, sondern ein deutsches Phänomen, und unter dem Zeichen des Antiklerikalismus ein gesamteuropäisches. Mit dem sich auf das Papsttum zentrierenden und auf eine vormoderne Theologie verpflichtenden Katholizismus trat eine politische und gesellschaftliche Größe auf, die sowohl den Anhängern staatlicher Kontrolle wie den Liberalen als Hütern des Fortschritts verdächtig war. Im Kulturkampf sollte also die Kraft der katholischen Kirche zur Selbstorganisation gebrochen und sie in geradezu frühneuzeitlicher Tendenz dem Staat gefügig gemacht werden. Darauf zielte der „Kanzelparagraph" von 1871, der politische Äußerungen von Geistlichen untersagte, ebenso das 1873 eingeführte „Kulturexamen", das katholische wie auch evangelische Theologiestudenten abzulegen hatten, um damit ihre Kenntnisse in deutscher Literatur, Philosophie und Geschichte zu dokumentieren. Verpflichtend wurde nun auch für katholische Geistliche ein mindestens dreijähriges Studium. Widerstand gegen diese und andere Maßnahmen wurde schwer geahndet. Ausweisung, Haft und Drangsalierung konnten die Folge sein. Ungeahnte Folgen hatte die Einführung der „Zivilehe", also die Möglichkeit, sich von einem staatlichen Beamten und nicht mehr nur von einem Pfarrer trauen zu lassen: Sie wurde wie die Erleichterung des Kirchenaustritts vor allem von Protestanten in Anspruch genommen.

3. Die Radikalisierung der Entflechtung von Staat und Kirche zu Beginn des 20. Jahrhunderts

Andere Staaten

Der Kulturkampf beruhigte sich in den 1880er-Jahren des 19. Jahrhunderts, da beide Seiten den Konflikt nicht gewinnen konnten. Im europäischen Horizont führte der mit dem Kulturkampf verwandte Antiklerikalismus zu Bestrebungen, die staatliche Kontrolle der katholischen Kirche durch ihre Marginalisierung zu ersetzen. Dafür stand besonders das Beispiel Frankreichs, wo Staat und Kirche (unter Einschluss der protestantischen) 1905 getrennt wurden. Die Gemeinden hatten damit nur noch einen privatrechtlichen Vereinsstatus. Ähnliches vollzog sich 1911 in Portugal. Noch radikaler waren die Verhältnisse in Russland, wo auf die Oktoberrevolution und die Trennung von Staat und Kirche die blutigste Christenverfolgung aller Zeiten folgte.

Deutschland

In Deutschland trug der Erste Weltkrieg zur Auflösung der bisher engen Verbindung des Staates mit den großen Konfessionen bei. Im Krieg hatten sich Vertreter der Kirchen, vor allem aus dem Protestantismus, als Unterstützer der deutschen Kriegspolitik hervorgetan. Dieses Verhalten wurde ihnen nach dem Krieg vorgehalten, doch schien es Vertretern der politischen Linken nun ohnehin an der Zeit, mit den Kirchen abzurechnen. In der Novemberrevolution 1918 wurden mit der Abschaffung des Religionsunterrichts und der Aufhebung der Geistlichen Schulaufsicht Fakten geschaffen. Dies war auch deshalb möglich, weil die Kirchenverwaltungen mit der Abdankung der Landesfürsten keine oberste Spitze mehr hatten.

Kontrollfragen:

Kontrollfragen

1. Welche Folgen hatte der Reichsdeputationshauptschluss?
2. Welche Bedeutung hat die Revolution von 1848 für die Kirchengeschichte?
3. Worum ging es im Kulturkampf?

5.3 Theologische und kirchliche Entwicklungen im 19. Jahrhundert

Moderne

Theologische und kirchliche Entwicklungen standen in einem Wechselverhältnis. Staat und Gesellschaft waren auf dem Weg in die Moderne. Fraglich war, ob Kirche und Theologie diesen Weg ebenfalls beschreiten würden, und darüber herrschte unter ihren Vertretern keineswegs Einigkeit.

1. Erweckung, Rationalismus, Konfessionalismus

Erweckung

Die „Erweckung" des 19. Jahrhunderts war ein gesamteuropäisches und teilweise konfessionsübergreifendes Phänomen. In Deutschland konnte die Erweckungsbewegung an ältere, vor allem pietistische Traditionen anknüpfen. Im Sinne der aus ihr erwachsenen „Inneren Mission" ging es ihren Vertretern aber nicht nur um die pietistische Verdichtung der Frömmigkeit in Konventikeln, sondern auch um die Gewinnung breiterer Schichten des Volkes. Die Erweckungsbewegung erreichte ihr Publikum vor allem durch die Verbreitung von Bibeln und erbaulichen Traktaten. Zu diesem Zweck wurden Gesellschaften gegründet, die den Druck dieser Werke und ihre Verbreitung organisierten. Zu bedeutenden Zentren der Erweckung wurden das Siegerland und Wuppertal. In Preußen war es vor allem der Adel, der die Erweckungsbewegung im Lande verbreitete, indem er seine Güter und die von ihm im Rahmen des Patronatswesens zu besetzenden Pfarrstellen als Stützpunkte nutzte. Zu den erweckten Theologen zählte der in Halle lehrende Julius Müller (1801–1878), der mit seiner Christlichen Lehre von der Sünde 1839 ein programmatisches Werk vorlegte. Im Mittelpunkt stand für die ganze Bewegung das Gefühl der eigenen Sündhaftigkeit und die Erfahrung der Bekehrung.

Gemeinschaftsbewegung

Die Traditionen der Erweckung wurden durch die Gemeinschaftsbewegung weitergeführt. Sie organisierte sich 1888 in Gnadau bei Magdeburg als „Gnadauer Verband", also als Dachorganisation volksmissionarischer Initiativen. Zu den Landeskirchen bestand eine spannungsreiche Beziehung, da die Pfarrer in den Predigern der Gemeinschaftsbewegung Konkurrenten sahen.

Rationalismus

Die Erweckungsbewegung wie der Konfessionalismus führten einen erbitterten Kampf gegen die Erben der Aufklärung, die „Rationalisten", denen man vorwarf, nur an der Vernunft orientiert zu sein. Pfarrer und Professoren wie Wilhelm Gesenius (1786–1842) wurden öffentlich bloßgestellt; hierbei tat sich besonders die in Berlin von Ernst Wilhelm Hengstenberg (1802–1869) herausgegebene „Evangelische Kirchenzeitung" hervor.

Konfessionalismus

Die Anhänger eines zumeist lutherischen Konfessionalismus fühlten sich von der preußischen Union mit den Reformierten herausgefordert. Der Kieler Pastor Claus Harms (1778–1855) veröffentlichte 1817 anlässlich des Reformationsjubiläums 95 Thesen, in denen er gegen die Dominanz der Vernunft und für das lutherische Bekenntnis eintrat. Zu Zentren des lutherischen Konfessionalismus wurden die Theologischen Fakultäten in Erlangen und Leipzig; sie blieben es bis in das 20. Jahrhundert hinein. Vom Reformationsjubiläum 1817 und vom Jubiläum der Confessio Augustana 1830 gingen Impulse für eine erneuerte Lutherverehrung aus, die aber eher einer Heroisierung denn einer theologischen Neuentdeckung gleichkam. Die 400. Wiederkehr des Geburtstages Luthers im Jahre 1883 war das nächste wichtige Datum, dem sich nicht zuletzt die „Weimarer Ausgabe" der Werke Luthers verdankt.

2. Der Soziale Protestantismus

Innere Mission

Die „Innere Mission" war im 19. und noch im 20. Jahrhundert in vielem das Gesicht des Protestantismus. In ihr verband sich das Ziel tätiger Nächstenliebe mit dem Anliegen, die Menschen, die dem christlichen Glauben und der Kirche entfremdet waren, zurückzugewinnen. Bekannt wurde der Begriff „Innere Mission" vor allem durch Johann Hinrich Wichern (1808–1881). Wichern war in der Erweckung verwurzelt und wollte die „Soziale Frage" da in Angriff nehmen, wo er ihre Wurzel sah: bei der sittlichen und religiösen Verelendung. Er begann seine Arbeit 1833 mit der Aufnahme von Hamburger Straßenkindern in das „Rauhe Haus", ein ihm überlassenes kleines Bauernhaus. Seit 1849 war er Geschäftsführer des „Central-Ausschusses für die Innere Mission". Auf dem ersten deutschen Kirchentag, einer 1848 in Wittenberg abgehaltenen Versammlung evangelischer Honoratioren aus ganz Deutschland, hielt Wichern eine viel beachtete Rede. Ihre konservative Prägung entsprach dem protestantischen Geist der Zeit, wie er sich auch bei Victor Aimé Huber (1800–1869), einem Theoretiker des Genossenschaftswesens, findet.

Gründergestalten

Ein anderer Zweig waren die Diakonissenhäuser, aus denen große und bis heute bestehende Einrichtungen hervorgingen: Theodor Fliedner (1800–1864) widmete seine ersten Aktivitäten entlassenen weiblichen Strafgefangenen. Für sie gründete er 1833 in seiner Gemeinde Kaiserswerth ein „Asyl". Wie aber Wichern „Brüder", also Diakone, als Helfer ausbildete, so gründete Fliedner eine Ausbildungseinrichtung für Diakonissen, die vor allem in Krankenhäusern arbeiten sollten. Von Kaiserswerth breitete sich das Diakonissenideal über Deutschland und Europa aus. Anders als Fliedner war dem Neuendettelsauer Pfarrer Wilhelm Löhe (1808–1872) ursprünglich daran gelegen, das diakonische Ideal an die Gemeinden zu binden, doch gründete auch er schließlich ein Diakonissen-Mutterhaus. Die letzte große Gründergestalt des 19. Jahrhunderts war Friedrich von Bodelschwingh (1831–1910), der in Bethel seit den 1870er-Jahren Diakonissen und Diakone ausbildete und diakonische Einrichtungen ins Leben rief.

Sozialer Protestantismus

Für Wichern wie für Fliedner und andere spielte der Bildungs- und Bekehrungsgedanke eine entscheidende Rolle: Entwurzelte Menschen sind nicht verloren, sondern können gerettet und angeleitet werden, ihr Leben selbst zu gestalten. Hierin unterschied sich die christliche Antwort auf die Soziale Frage fundamental von der kommunistischen, die auf eine Veränderung der Gesellschaft durch ihre Zerstörung zielte. Der Soziale Protestantismus war mehr als die vom Geist der Erweckung geprägte Innere Mission. Liberale Protestanten engagierten sich ebenso für die Lösung der sozialen Probleme. Sie sammelten sich in dem 1890 gegründeten „Evangelisch-Sozialen Kongress", der vor allem ein Diskussionsforum sein sollte, um in politischer und gesellschaftlicher Vernetzung soziale und gesellschaftliche Reformvorhaben voranzutreiben. Die Diakonie war eine Form bürgerlicher Selbstorganisation aus christlichen Motiven: Ihre Träger waren Vereine. In den wachsenden Städten mit ihren sozialen Problemen – die es auf dem Land genauso, aber in anderer Weise gab – fanden diese ein weites Betätigungsfeld.

Vereinsgründungen

Auch auf anderen Feldern gingen Vereinsgründungen aus besonderen Motiven evangelischer Kreise hervor: Der 200. Jahrestag der Schlacht bei Lützen (s. o. 4.3.3) führte 1832 zur Gründung einer „Gustav-Adolf-Stiftung". Aus ihr ging der in Leipzig ansässige Gustav-Adolf-Verein hervor, der sich die Unterstützung protestantischer Minderheiten zum Ziel setzte. Diesen Verein, in dem die inneren Spannungen des Protestantismus keine Rolle spielen sollten, förderten nicht nur Leipziger mit ihrem bürgerschaftlichen Engagement. Als erste Institution im deutschen Protestantismus bot er Frauen die Möglichkeit einer patriachalistisch beschränkten Selbstorganisation in eigenen Kreisen. Eine konfessionalistische Konkurrenz stellte der 1853 gegründete lutherische „Gotteskastenverein" dar. Von ganz anderem Zuschnitt war der 1886 gegründete „Evangelische Bund", der sich dem Kampf gegen den Einfluss des aus dem Kulturkampf gestärkt hervorgegangenen Katholizismus verschrieb. Ein Sammelbecken liberaler Protestanten wollte der 1863 ins Leben gerufene „Protestantenverein" sein. Er hatte zum Ziel, den Protestantismus im Einklang mit der modernen Kultur zu halten. Ein ähnliches Anliegen hatte die 1886 von Martin Rade (1857–1940) gegründete Zeitschrift „Die Christliche Welt". Freilich bildeten die erst später so genannten „Kulturprotestanten" eine Minderheit im protestantischen Spektrum.

Kirchentage und Kirchenkonferenzen

Alle diese Initiativen überschritten die Grenzen der evangelischen Landeskirchen, die miteinander noch keine tragfähigen Strukturen ausgebildet hatten. Die seit 1848 abgehaltenen Kirchentage blieben Funktionärsversammlungen. Auch die seit 1852 als Treffen von Vertretern der Kirchenleitungen abgehaltenen „Eisenacher Kirchenkonferenzen" hatten wenige Kompetenzen: Allerdings fiel auf ihnen eine Entscheidung, die das Bild vieler Städte bis heute prägt: Neue Kirchenbauten sollten in neugotischem oder neuromanischem Stil errichtet werden.

3. Die Entstehung der modernen wissenschaftlichen Theologie

Schleiermacher

Die theologischen Disziplinen differenzierten sich im Sinne der Berufung auf Professuren für feste Spezialgebiete erst im Laufe des 19. Jahrhunderts aus, und auch jetzt noch wechselten Professoren ihre Fachgebiete oder kombinierten mehrere davon. Einer Differenzierung entgegen stand Friedrich Schleiermacher, der zu den Gründern der Berliner Universität gehörte und sich auch als Kirchenreformer einen Namen machte (s. o. 5.2.1). 1811 veröffentlichte er enzyklopädische Vorlesungen über die gesamte Theologie, die Kurze Darstellung des theologischen Studiums, die 1830 in Überarbeitung nochmals erschien. Theologie sollte insgesamt bezogen sein auf die „Kirchenleitung", also auf die kirchliche Praxis, die für Schleiermacher ohne eine wissenschaftliche Durchdringung nicht denkbar war. Dieses Anliegen schlug sich genauso in seiner 1821/22 erschienenen Glaubenslehre nieder, die ebenfalls 1830/31 in einer zweiten Auflage erschien. So galt es nicht nur zu zeigen, was Frömmigkeit ist, nämlich Bewusstsein der „schlechthinnigen Abhängigkeit" von Gott, sondern auch, was die Dogmatik zu leisten hat, nämlich die Darstellung des Zusammenhangs der zu einer bestimmten Zeit geltenden Lehre.

Religionskritik

Grundsätzlich aber mussten sich die theologischen Disziplinen schon aus pragmatischen Gründen ausdifferenzieren: In den Bibelwissenschaften setzten sich im 19. Jahrhundert die historisch-kritischen Fragestellungen durch. Dabei wurde die Grenze zu scharfer Religions- und Kirchenkritik überschritten: David Friedrich Strauß (1808–1874) stellte 1835 in seinem Leben Jesu die historische Zuverlässigkeit der Evangelien radikal infrage, ohne aber wie andere nach ihm die Geschichtlichkeit Jesu überhaupt zu bestreiten. Die Religionskritik von Ludwig Feuerbach (1804–1872) oder von Karl Marx (1818–1883) hielt sich damit schon nicht mehr auf: Gott war ein von Menschen gemachtes Produkt, das die persönlichen oder gesellschaftlichen Defizite auffangen sollte: Religion, so Marx, ist das Opium des Volkes.

Exegese

Die historische und philologische Bibelkritik brachte ganz neue Möglichkeiten der Texterschließung mit sich: So wurde durch Julius Wellhausen (1844–1918) und andere die Entstehung des Alten Testaments aus verschiedenen Quellen diskutiert, und diese wurden in unterschiedliche Phasen der Geschichte Israels datiert. Zum besseren Verständnis dieser Geschichte trugen wiederum die Ergebnisse archäologischer Forschungen bei. Auch im Neuen Testament spielten Quellenfragen eine große Rolle. Heinrich Julius Holtzmann (1832–1910) bekräftigte die schon von Christian Hermann Weiße (1801–1866) entwickelte und bis heute gültige „Zwei-Quellen-Theorie“: Die Evangelisten Matthäus und Lukas sind von Markus und einer weiteren Quelle abhängig. Diese und andere Erkenntnisse ließen das Bild des historischen Jesus immer konturenloser werden – klar war also, dass das Jesusbild der Evangelien ein Zeugnis des Glaubens, nicht der Geschichtsschreibung war, auch wenn viele „Leben Jesu“ geschrieben wurden, in denen er wie eine Romanfigur gesehen wurde. In den exegetischen Fächern bildete sich das dem 19. Jahrhundert eigene Interesse an der Geschichte ab: Alles war historisch geworden. Vor allem die „Religionsgeschichtliche Schule“ bemühte sich darum, die Geisteswelt der Bibel historisch einzuordnen.

Kirchengeschichte

Naturgemäß brachte die Kirchengeschichte das historische Interesse besonders zur Geltung: Kennzeichnend wurde auch für sie eine kritische Haltung, die sich besonders auf die Überlieferung der christlichen Lehren, die Dogmengeschichte also, richtete. Adolf von Harnack wollte zeigen, dass die christlichen Dogmen eine Anpassung der ursprünglichen Lehren Jesu an die griechisch-römische Geisteswelt und somit zeitgebunden waren. Harnack war Patristiker, also für die „Kirchenväter“ und somit für die Geschichte des Antiken Christentums zuständig. Produktiv war er nicht zuletzt durch die Erstellung von Editionen antiker christlicher Texte. Zugleich war Harnack der prominenteste Vertreter des Kulturprotestantismus. In seinem aus Vorträgen hervorgegangenen und zur Jahrhundertwende erschienen Buch „Das Wesen des Christentums“ schrieb er dem derart verstandenen Protestantismus eine universale Bedeutung für die moderne Welt zu.

Dogmatik

Die geschichtliche Perspektive prägte auch die Dogmatik. Für Albrecht Ritschl (1822–1889) war der gerechtfertigte Sünder durch Gottes Liebe befähigt, ein Reich der Liebe zu befördern, und er konnte so das Gebot der Gottes- und Nächstenliebe erfüllen. Die Aufrichtung des Reiches Gottes fiel also in die sittlichen Möglichkeiten des Menschen. Solche Vorstellungen wurden zunehmend kritisch betrachtet, als Johannes Weiß (1863–1914)

1892 die jenseitige, apokalyptische Reich-Gottes-Vorstellung des Neuen Testaments herausarbeitete. Zu Ritschls Schülern gehörte Wilhelm Herrmann (1846–1922). Für ihn bezog sich der Glaube zwar auf den „geschichtlichen“ Christus, doch ist der Zugang zu diesem nicht durch historische Forschung möglich, sondern nur durch den Glauben selbst, der nach Erlösung sucht. Es gibt also keine objektive Geschichte, sondern nur eine subjektive Aneignung des Geschichtlichen.

Praktische Theologie

Die Praktische Theologie, die sich ebenfalls historisch orientierte und so unter anderem verstärkt nach der Geschichte des Gottesdienstes fragte, emanzipierte sich zugleich zunehmend von dogmatischen Vorgaben und begab sich auf das Feld der Empirie: Am Ende des 19. Jahrhunderts kam der „moderne Mensch“ in das Blickfeld dieser Disziplin, dem nun das Evangelium zeitgemäß gepredigt werden sollte. Dies hatte auch Auswirkungen auf die Religionspädagogik, die sich im Zuge der Professionalisierung der Pädagogik im 19. Jahrhundert zu einer eigenen Wissenschaft entwickelte. Richard Kabisch (1868–1914) gab dafür mit seinem Buch „Wie lehren wir Religion?“ wichtige Impulse.

Kontrollfragen:

Kontrollfragen

1. Was ist „Erweckung“?
2. Nennen Sie Gründer und Institutionen des Sozialen Protestantismus.
3. Welche Funktion hat die Geschichte für die theologische Wissenschaft des 19. Jahrhunderts?

5.4 Der Katholizismus

Ereignisse

Der Katholizismus hatte am Ende des 18. Jahrhunderts durch staatliche Reformen der barocken Frömmigkeitspraxis teilweise einschneidende Veränderungen durchgemacht. Die Vorkämpfer der Französische Revolution radikalisierten diese Reformen und griffen schließlich zur Gewalt gegen widersetzliche Geistliche. In Deutschland schädigte der Reichsdeputationshauptschluss den Katholizismus, und Liberalen wie Protestanten schienen Katholiken nicht auf der Höhe der Zeit zu sein. Der Kulturkampf zeigte aber, dass man die Kraft des Katholizismus zur Selbstorganisation unterschätzte.

1. Die bedeutendsten Päpste des 19. Jahrhunderts

Pius VI. Die Geschichte des Katholizismus geht nicht in der Geschichte der Päpste auf. Dennoch spielen sie seit dem 19. Jahrhundert unter den Bedingungen des schwindenden Staatskirchentums eine wichtige Rolle. Am Ende des 18. Jahrhunderts schien das Papsttum fast erloschen: Pius VI. (1717–1799), der seit 1775 amtierte, war bei der Besetzung des Kirchenstaates durch französische Truppen entführt worden und unterwegs verstorben.

Pius VII. In dem zu Österreich gehörenden Venedig konnte 1800 von einigen dort anwesenden Kardinälen immerhin ein Nachfolger, nämlich Pius VII. (1742–1823), gewählt werden. Auch er aber wurde von der französischen Besatzungsmacht verschleppt und 1812 auf Schloss Fontainebleau bei Paris gebracht, wo er Napoleon als „Hauspapst" zur Verfügung stehen sollte. Eine der ersten Amtshandlungen Pius' VII. war es gewesen, 1801 ein Konkordat mit Napoleon zu schließen, durch das der Katholizismus in Frankreich als Mehrheitskonfession der Franzosen gewürdigt und der katholischen Kirche eine anerkannte Position zugemessen worden war. Gleiche Vereinbarungen wurden aber auch mit der protestantischen Kirche und der jüdischen Religionsgemeinschaft abgeschlossen. Das Konkordat mit der katholischen Kirche wurde schon ein Jahr später von Napoleon durch „Organische Artikel" zugunsten staatlicher Interessen eingeschränkt. Nachdem Napoleons Macht zugrunde gegangen war, konnte Pius VII. 1814 nach Rom zurückkehren, wo er als erstes den Jesuitenorden wieder ins Leben rief. Durch diplomatische Verhandlungen gelang es auch, den von Napoleon aufgehobenen Kirchenstaat, der immer noch große Teile Italiens umfasste, neu zu begründen. Ein weiterer diplomatischer Erfolg war im Jahre 1817 der Abschluss eines Konkordates mit dem Königreich Bayern. Allerdings wurde auch dieses schon ein Jahr später staatlich eingeschränkt, da die bayrische Verfassung die Parität der Konfessionen festschrieb und somit die Fiktion des Konkordates aufhob, Bayern sei ein katholisches Land. Dass der Protestantismus es in Bayern dennoch nicht leicht hatte, zeigte die „Kniebeugungsordre“ von 1838, die evangelische Soldaten dazu zwang, bei Prozessionen der mitgeführten Hostie Ehre zu erweisen und sich somit wie gute Katholiken zu verhalten.

Ultramontanismus

Der Katholizismus ging wie aus dem späteren Kulturkampf so auch aus den Demütigungen durch die Französische Revolution und den Reichsdeputationshauptschluss gestärkt hervor: Ein neues katholisches Selbstbewusstsein wuchs, das sich „ultramontan“ ausrichtete, also auf den römischen Papst, der „jenseits der Berge“ (der Alpen) residierte. Erst jetzt wurde der Papst wieder zur Zentralfigur der katholischen Kirche. Enzykliken, Rundschreiben an die Bischöfe, wurden zu einem wichtigen Instrument päpstlicher Bekundungen. Sie enthielten häufig ein restauratives Programm, das den Katholizismus gegen die Herausforderungen der Moderne wie zum Beispiel den Liberalismus absichern sollte. Zu diesen Herausforderungen gehörten auch die volkssprachlichen Bibelübersetzungen, die allenfalls unter Beigabe des lateinischen Textes oder der Hinzufügung von Kommentaren gestattet wurden.

Lamennais

Mit innerkatholischen liberalen Strömungen hatte es der seit 1831 amtierende Gregor XVI. zu tun. Der französische Geistliche und Schriftsteller Félicité de Lamennais (1782–1854) versuchte zusammen mit Gesinnungsgenossen, ein Ideal zu etablieren, das die bürgerlichen Freiheiten an die Autorität der Kirche band. Die Hochschätzung bürgerlicher Freiheiten allerdings entsprach gerade nicht der restaurativen päpstlichen Weltsicht, und so wurden Lamennais' Anschauungen 1832 und 1834 in zwei Enzykliken verurteilt.

Neuscholastik

Teil der von Rom ausgehenden Restauration war die Neuscholastik: Moderne Strömungen in der Theologie sollten durch den Rückgriff auf Thomas von Aquin zurückgedrängt werden. Damit erhielt auch die Philosophie ganz gegen den zeitgenössischen Trend wieder die Rolle einer Dienerin der Theologie.

Pius IX.

Zum prägenden Papst dieser Epoche wurde Pius IX. (1792–1878), dessen 1846 beginnendes Pontifikat eine beispiellos lange Zeitspanne umfasste. In seine Amtszeit fielen die europaweite Revolution von 1848, die italienische Einigungsbewegung und der Kulturkampf. Zu einem programmatischen Signal wurde der 1864 veröffentlichte „Syllabus errorum", eine Sammlung von 80 Irrtümern der Moderne, zu denen Liberalismus, Protestantismus und Pressefreiheit, aber auch das immer noch anhaltende Staatskirchentum gezählt wurden. Solche Bekundungen, die auch innerhalb des Katholizismus nicht allgemein akzeptiert waren, reizten Antiklerikale und Kulturkämpfer zusätzlich.

Sozialer Katholizismus

Der Nachfolger Pius' IX. war Leo XIII. (1810–1903). Unter seinem Pontifikat beruhigte sich der Kulturkampf durch staatliche „Milderungs-" und „Friedensgesetze". Nachhaltige Bedeutung hatte Leo XIII. ferner durch seine Würdigung des Sozialen Katholizismus. Dieser hatte in Deutschland und weltweit inzwischen wie auch der Soziale Protestantismus eine feste Gestalt gewonnen. Orden und Vereine waren dafür ebenso wichtig wie Gründergestalten: In Deutschland wurde Adolph Kolping (1813–1865) durch seine Fürsorge für wandernde Gesellen zum „Gesellenvater". Der Mainzer Bischof Wilhelm Emmanuel von Ketteler (1811–1877), ein durch und durch konservativer Mann, thematisierte in Predigten die Soziale Frage. Die Zentrumspartei, parlamentarisches Organ des politischen Katholizismus, brachte im Reichstag parlamentarische Initiativen zum Arbeiterschutz auf den Weg. Leo XIII. veröffentlichte 1891 mit Rerum novarum die erste Sozialenzyklika, an die spätere päpstliche Lehrschreiben anknüpften. Dies gilt vor allem für das Grundmotiv der Kritik an einem ungezügelten Kapitalismus auf der einen und am Sozialismus auf der anderen Seite: Betont wird das Naturrecht auf Privateigentum und die Notwendigkeit einer sittlichen und religiösen Erneuerung von Gesellschaft und Wirtschaftsleben.

2. Das I. Vatikanische Konzil und seine Folgen

Unfehlbarkeit

Das 1869 begonnene I. Vatikanische Konzil war das erste Konzil seit dem von Trient rund 300 Jahre zuvor (s. o. 4.3.2). Pius IX. stellte das Konzil unter den Schutz der Maria, deren „unbefleckte", also sündlose Empfängnis er 1854 dogmatisiert hatte. Das Konzil stand von vornherein im Verdacht, die fortschrittsfeindlichen päpstlichen Positionen bestätigen zu sollen, und so waren die Anhänger eines liberalen, der Moderne offen gegenüberstehenden Katholizismus auf der Hut. Eines seiner Hauptthemen war dann auch die Befestigung des „Jurisdiktionsprimates" des Papstes: Er sollte unumschränkte Rechtsgewalt in der Kirche haben, und die Bischöfe sollten ihm nachgeordnet sein. Anstößig aber war vor allem die Frage der päpstlichen Unfehlbarkeit, die bei vielen Konzilsteilnehmern Widerspruch erregte. Echte Befürchtungen und vorauseilende Polemik wurden nur teilweise dadurch beruhigt, dass die Bedingungen für unfehlbare Entscheidungen stark eingeengt wurden: Möglich sollten sie sein in Fragen des Glaubens und der Sitten und nur dann, wenn sie „ex cathedra", nämlich unter ausdrücklicher Inanspruchnahme apostolischer Lehrautorität, erfolgten. Mit diesen Einschränkungen wurde die Unfehlbarkeit dann vom Konzil beschlossen.

Kirchenstaat

Möglich war selbst diese eingeschränkte Definition nur durch das Stillhalten der Gegner der Unfehlbarkeit oder ihre vorzeitige Abreise: Eine offene Kontroverse hätte zu einer Bloßstellung des Papstes geführt. Die Reaktion zumal der protestantischen Öffentlichkeit war heftig und ebnete den Weg in den Kulturkampf. Nur zufällig, aber mit gewisser Nachwirkung fand das Konzil durch die italienische Einigungsbewegung ein Ende: Die italienische Landkarte, bisher von Kleinstaaten geprägt, füllte sich nun mit einem italienischen Nationalstaat, in den auch der Kirchenstaat eingeschmolzen wurde. Am 20. September 1870 eroberten italienische Truppen Rom. Das Konzil konnte nicht weitergeführt werden, und Pius IX. verweigerte sich allen Verhandlungen mit der italienischen Regierung. In seinen letzten Jahren lebte er als „Gefangener im Vatikan".

Altkatholizismus

Die innerkirchliche Opposition gegen das Unfehlbarkeitsdogma brach zu großen Teilen zusammen. Die Reste der Gegner sammelten sich im Altkatholizismus, der seinem Selbstverständnis nach den ursprünglichen Katholizismus bewahrte. Zu Hause war diese Bewegung vor allem im deutschsprachigen Raum. Ihr schloss sich kein einziger katholischer Bischof an, die treibenden Kräfte waren meistens Theologieprofessoren. Der Bewegung sehr nahe stand Ignaz von Döllinger (1799–1890), ein Münchner Kirchenhistoriker. 1873 wurde mit Joseph Hubert Reinkens (1821–1896) in Köln der erste altkatholische Bischof gewählt, und dies mit Rückendeckung der preußischen Regierung, die im Kulturkampf ein besonderes Interesse an einer innerkatholischen Opposition hatte. Das Interesse erlosch dann nach dem Ende des Kulturkampfs auch wieder. Die Altkatholiken machten aus der Not ihrer Randexistenz eine Tugend, indem sie international nach ökumenischen Kontakten suchten.

Antimodernismus

Das I. Vatikanische Konzil war nur ein Zeichen dafür, dass der Katholizismus, angefochten von der Moderne, nach einer Selbststabilisierung suchte. Sie fand im Zeichen des „Antimodernismus" statt. 1879 wurde die Neuscholastik durch Papst Leo XIII. befestigt, indem Thomas von Aquin durch eine Enzyklika zum normativen Theologen ausgerufen wurde. Versuche, die katholische Theologie zu modernisieren – und die evangelische mit ihrer Bibel- und Dogmenkritik war der Maßstab dafür — sollten vereitelt werden. Pius X. (1835–1910) brandmarkte 1907 mit seiner Enzyklika Pascendi den „Modernismus", den es als einheitliche Bewegung gar nicht gab. Der unmittelbare Anlass dafür waren Veröffentlichungen des französischen Theologen Alfred Loisy (1857–1940), der sogar noch versucht hatte, zwischen kritischer Exegese und kirchlicher Lehre zu vermitteln. 1910 wurde allen Priestern der Antimodernisteneid auferlegt, der die Unterwerfung unter die päpstliche Lehrautorität beinhaltete.

Apostolikumsstreit

Ähnliche Tendenzen gab es aber ebenso im Protestantismus: Im gleichen Jahr wurde in Preußen ein „Irrlehregesetz" in Kraft gesetzt, das sich vor allem gegen Pfarrer richtete, die Aussagen des Apostolischen Glaubensbekenntnisses, nämlich die Jungfrauengeburt und die „Höllenfahrt" Jesu Christi zu den Toten, ablehnten. Der „Apostolikumsstreit" hatte schon in den Jahren davor für Unruhe gesorgt, da die faktisch ja staatliche Kirchenleitung hier tief in Glaubensfragen eingriff.

Kontrollfragen:

Kontrollfragen

1. Beschreiben Sie die Bedeutung der Päpste für den Katholizismus des 19. Jahrhunderts.
2. Wann ist ein Papst unfehlbar?

6. Die Kirchliche Zeitgeschichte

„Zeitgeschichte“

Als „Zeitgeschichte“ werden in neuerer Zeit vor allem die Jahrzehnte seit 1933 oder gar 1945 behandelt. Im Blick auf die Kirchengeschichte aber muss der Zeitraum bis auf das Jahr 1918 ausgedehnt werden, da viele spätere Entwicklungen ihren Ursprung in der Zwischenkriegszeit hatten.

6.1 Die Kirchen in der Weimarer Republik

Pluralismus

Als sich die politischen Verhältnisse in Deutschland nach der Novemberrevolution 1918 beruhigten, kam mit der Frage nach einer Verfassung auch die nach der künftigen Stellung der Kirchen und Religionsgemeinschaften in Staat und Gesellschaft auf die Tagesordnung. Die 1919 verabschiedete Verfassung setzte einen tragfähigen rechtlichen Rahmen, doch wurden die Kirchen in diesem Rahmen nicht heimisch. Der zunehmende Pluralismus schien ihnen durch die Angriffe von kirchen- und religionskritischer Seite das Leben nur schwer zu machen.

1. Die Weimarer Reichsverfassung

Parteien

Die politische Linke, zu der neben der Sozialdemokratie nun auch die Kommunistische Partei (KPD) gehörte, betrachtete Religion als bloße „Privatsache“, die in der Öffentlichkeit keine Bedeutung haben sollte. Auf der politischen Rechten gab es die Deutschnationale Volkspartei (DNVP), der vor allem Protestanten zugeneigt waren. Zum Sammelbecken rechtsextremer Anschauungen wurden Parteien wie die anfangs kleine NSDAP, die völkische und rassistische Anschauungen vertrat. Die liberale Mitte bot auch Kulturprotestanten eine Heimat. Die Zentrumspartei blieb eine katholische Milieupartei. Ausgerechnet das Zentrum, aus dem nach 1945 die überkonfessionelle CDU hervorging, und die SPD wurden nun zu den die neue Republik tragenden Parteien.

Stellung der Kirchen

Die Weimarer Reichsverfassung von 1919 knüpfte an die Regelungen der Paulskirchenverfassung von 1849 an: Staat und Kirche sollten nicht gänzlich getrennt werden. Vielmehr sollten sich die Kirchen und Religionsgemeinschaften selbst verwalten. Dazu erhielten sie den vor allem von dem liberalen Politiker Friedrich Naumann (1860–1919) favorisierten Status einer „Körperschaft des öffentlichen Rechts", womit ein gewisser Freiraum gemeint war, in dem sie ihre kulturellen und gesellschaftlichen Aufgaben erfüllen konnten. Auch andere Religions- und Weltanschauungsgemeinschaften konnten diesen Status beantragen. Der Religionsunterricht wurde nach heftigen Debatten als ordentliches Schulfach garantiert. Die SPD gab ihren Widerstand gegen diese Regelungen letztendlich auf, da sie ihre Interessen gegen das Zentrum und die Liberalen nicht durchsetzen konnte. Allerdings war es in Ländern wie Braunschweig, Sachsen und Thüringen noch ein längerer Weg, bis diese Garantien von der dort regierenden Linken auch respektiert wurden.

Schulfrage

Zu dauernder Unruhe im Verhältnis von Staat und Kirchen führten Fragen, die die Verfassung an die Gesetzgebung überwiesen hatte. So sollten die staatlichen Leistungen an die Kirche durch eine Entschädigung abgegolten werden, was aber nie umgesetzt wurde. Noch problematischer war die „Schulfrage": Grundsätzlich galt weiterhin das Prinzip der bekenntnisgebundenen Volksschule. In einem „Schulkompromiss" hatte die Nationalversammlung 1919 je nach Elternwillen auch überkonfessionelle und bekenntnisungebundene Schulen zugelassen, doch keine konkreten Regelungen dafür verabschiedet. Darum ging der Streit in den folgenden Jahren, doch kam es auch in dieser Frage – schon angesichts wechselnder politischer Mehrheiten – nie zu einer Lösung.

2. Kirchliches Leben unter neuen Rahmenbedingungen

Versailler Vertrag

Für den offiziellen Protestantismus waren die politischen Umbrüche geradezu eine narzisstische Kränkung. Anders war dies bei den Protestanten, die als Arbeiterinnen und Arbeiter politisch eher zur Linken hin tendierten – trotz erheblich gestiegener Kirchenaustrittszahlen und Kirchenaustrittspropaganda waren die Deutschen immer noch fast selbstverständlich Mitglieder einer der etablierten Kirchen. Von offizieller protestantischer Seite gestützt wurde die Ablehnung des Versailler Vertrages, der Deutschland 1919 die alleinige Schuld am Krieg zuschrieb und in dessen Folge Deutschland Gebiete vor allem an Frankreich und Polen abtreten musste. In den polnisch gewordenen ehemaligen preußischen Provinzen fühlten sich die dort lebenden Menschen zumeist weiterhin als Deutsche und der preußischen evangelischen Kirche zugehörig.

selbstständige Kirchenleitungen

Nach dem Ende der Monarchie – der Kaiser und die Landesfürsten verschwanden eher als dass sie abgesetzt wurden – stellte sich die Frage nach der Kirchenleitung, an deren Spitze die Landesfürsten gestanden hatten. Nun traten Bischöfe oder Kirchenpräsidenten an ihre Stelle. Bisher faktisch staatliche Behörden wie der preußische Evangelische Oberkirchenrat wurden nun unter kirchliche Leitung gestellt. Die Verselbstständigung der evangelischen Landeskirchen erforderte die Verabschiedung von Kirchenverfassungen, für die es wiederum der Synoden als Beschlussorgane bedurfte. Trotz aller Bekundungen einer Entflechtung von Staat und Kirche blieb das Interesse des Staates an einer Kontrolle der Kirchen sichtbar: In Preußen wurde die Oberaufsicht über die Kirche einstweilen weiterhin durch den Staat ausgeübt. Erst als dieser die 1922 von einer Generalsynode verabschiedete Kirchenverfassung im Jahre 1924 akzeptiert hatte, war die Kirchenleitung selbstständig.

Kirchentage

Die Frage eines nationalen Zusammenschlusses der deutschen evangelischen Landeskirchen wurde nun wieder aktuell, und dies in Gestalt des 1922 gegründeten Deutschen Evangelischen Kirchenbundes, dessen Organe der von den Landeskirchen beschickte Kirchenausschuss und die Kirchentage waren. Diese waren Versammlungen von Vertretern der Landessynoden und kirchlicher Verbände sowie der Theologischen Fakultäten. Zugleich waren die Kirchentage öffentlichkeitswirksame Veranstaltungen, da sie Fragen der Zeit aufgriffen: So hatte der Kirchentag in Dresden 1919 mit der Neuorganisation der evangelischen Landeskirchen zu tun. Hier machte sich eine konservative Tendenz bemerkbar, die Kirchenleitung weiter stark von oben, also durch die Oberkirchenräte, wahrnehmen zu lassen. Der 1924 in Bethel abgehaltene

Kirchentag war von der nach dem Ersten Weltkrieg wieder drängenden Sozialen Frage geprägt. 1927 wurde auf dem Kirchentag in Königsberg eine „vaterländische Kundgebung" verabschiedet, die die Kirche über den Parteien sah, aber die neue politische Ordnung immerhin indirekt anerkannte. Der 1930 in Nürnberg abgehaltene Kirchentag nahm unter anderem zur Christenverfolgung in der Sowjetunion Stellung.

Vereine

Der Soziale hatte wie der auch sonst in Vereinen und Verbänden organisierte Protestantismus mit erheblichen wirtschaftlichen Schwierigkeiten zu kämpfen. Die Innere Mission wurde durch den Konkurs einer ihr gehörenden Bausparkasse im Jahre 1931 zusätzlich geschädigt. Die großen Verbände – der Gustav-Adolf-Verein und der Evangelische Bund – orientierten sich noch stärker national und verstanden sich als Vertreter deutscher Interessen im Ausland.

Preußischer Kirchenvertrag

Ein hoffnungsvolles Zeichen für eine Integration der Kirchen in die Weimarer Republik war der Abschluss eines Vertrages zwischen der preußischen Regierung, die von der SPD und vom Zentrum getragen wurde, und der Evangelischen Kirche in Preußen im Jahre 1931. Der Vertrag ließ sich als wechselseitige Anerkennung verstehen. Zugleich machte er deutlich, dass der Staat keineswegs die volle Selbstständigkeit der Kirche wollte: Eine „politische Klausel" gab ihm das Recht, politisch nicht genehme Kandidaten für kirchenleitende Ämter auszuschließen.

Konkordate

Der Abschluss des Vertrages mit der evangelischen Kirche war erst möglich geworden, nachdem Preußen 1929 ein Konkordat mit dem Heiligen Stuhl, also mit dem Papst, abgeschlossen hatte. Damit war auch deutlich gemacht, welche Konfession man als die politisch potentere ansah. Das Konkordat regelte Grundsatzfragen wie die Neueinteilung der Diözesen – sie war durch die Gebietsabtretungen an Polen notwendig geworden – oder die Ernennung von Bischöfen. Schon 1924 war ein Konkordat mit Bayern abgeschlossen worden. Ähnlich wie das bayrische Konkordat von 1817 wurde aber auch das von 1924 durch ein „Mantelgesetz" relativiert, das die konfessionelle Parität sicherte. 1932 kam es zu einem dritten Konkordat, diesmal mit Baden. Die Konkordate verdankten sich dem Wirken des päpstlichen

Nuntius in Deutschland. Dies war Eugenio Pacelli, der spätere Papst Pius XII. (1876–1958).

Bild des Katholizismus

Aus protestantischer Sicht schien der Katholizismus in der Zeit nach dem Ersten Weltkrieg bedrohlich: Seine Bistümer verfügten bereits über die Leitungsstrukturen, derer die evangelischen Landeskirchen erst noch bedurften. Nicht nur der Antimodernismus, sondern auch eine Bewegung zur Popularisierung der Liturgie, die Entwicklung einer als spezifisch katholisch erachteten Kultur und die Konkordate konnten geradezu den Eindruck erwecken, als habe der Katholizismus den Kulturkampf gewonnen. Außerdem verfügte der Katholizismus mit der Zentrumspartei über einen politischen Arm; evangelische Parteigründungen scheiterten.

katholische Vereine

Andererseits verlor der Vereinskatholizismus, der der Träger des „katholischen Milieus" war, wie auch das evangelische Vereinswesen an Zuspruch. Der „Volksverein für das katholische Deutschland", dem vor dem Ersten Weltkrieg 800.000 Mitglieder angehörten, litt unter erheblichem Schwund, der fast zu seiner Auflösung führte. 1928 wurde er im Zuge einer Neuorganisation den katholischen Bischöfen unterstellt. Eine solche Verkirchlichung des Vereinswesens sollte in großem Maßstab die von Rom ausgehende „Katholische Aktion" leisten, der sich der deutsche Katholizismus aber weithin verschloss. Der öffentlichen Darstellung des Verbandskatholizismus dienten die Katholikentage.

3. Theologische Entwicklungen

katholische Theologie

Die katholische Theologie war durch den Antimodernismus stark eingeengt. Typisch für die innerkatholischen Spannungen dieser Zeit ist Karl Adam (1876–1966), dessen 1924 erstmals erschienenes Buch „Das Wesen des Katholizismus" viel gelesen und häufig wieder aufgelegt wurde. Adam, seit 1919 Professor für Dogmatik in Tübingen und von Hause aus ein „Modernist", zeichnete das Bild eines selbstbewussten und zeitgemäßen Katholizismus, doch blieb er den Antimodernisten verdächtig, da sein Kirchenbild nicht hierarchisch genug war, sondern sich auf den Gedanken der Gemeinschaft gründete. Zu den bekannten katholischen Theologen zählte auch Romano Guardini (1885–

1968), der sich wissenschaftlich mit Arbeiten über den Franziskanertheologen Bonaventura qualifizierte, vor allem aber als geistiger Stichwortgeber der liturgischen Bewegung und der katholischen Jugendbewegung bekannt wurde.

Dialektische Theologie

Aus späterer Sicht schien auf evangelischer Seite die „Dialektische Theologie" die prägende Kraft dieser Zeit zu sein. Ihr Protagonist, der aus der Schweiz kommende reformierte Pfarrer Karl Barth, propagierte eine Neuausrichtung der Theologie: Es sollte ihr um Gott und nicht um den Menschen gehen und nicht um Kultur und „Religion" als menschliche Möglichkeit, sondern um Gottes Wort als Gottes fremdartige Anrede an den Menschen. Barth griff Adolf von Harnack an, der aber in Barths Thesen keine Theologie erkennen konnte. Vielmehr erschienen sie ihm durch ihre Aufkündigung eines geistigen Konsenses mit der Kultur der Zeit und ihre Absage an historische Kritik als gefährlich. Dass die Dialektische Theologie nach 1933 gerade aufgrund ihrer Verweigerung gegenüber dem Zeitgeist ihre Bedeutung haben sollte, konnte Harnack nicht ahnen. Andererseits gab es auch dialektische Theologen wie Friedrich Gogarten (1887–1967), die das geistige Bündnis mit dem Nationalsozialismus nicht scheuten.

Theologische Wissenschaft

Trotz des provokativen Selbstbewusstseins der Dialektischen Theologie war aber die Liberale Theologie an den Theologischen Fakultäten immer noch fest verankert. Auch machte die historisch-kritische Arbeit an der Bibel weitere Fortschritte. So gab der Leipziger Alttestamentler Albrecht Alt (1893–1956) entscheidende Anstöße für die Erforschung der Geschichte Israels. Der Kirchenhistoriker Hans Lietzmann (1875–1942) wiederum, Harnacks Nachfolger in Berlin, veröffentlichte eine bis heute unübertroffene Geschichte der Alten Kirche.

Karl Holl

Mit der „Lutherrenaissance" etablierte sich eine weitere Strömung. Ihr Urheber war Karl Holl (1866–1926), der Luther weniger unter kirchenhistorischen denn unter systematisch-theologischen Aspekten neu entdeckte. Für Holl, der seine ersten Arbeiten im Bereich der Geschichte der Alten Kirche veröffentlicht hatte, war Luther der Wiederentdecker der „Gewissensreligion", die es in der Zeit des Antiken Christentums schon einmal gegeben habe, und somit der Vater des neuzeitlichen Gedankens der Gewissensfreiheit.

Fall Dehn

Eher ein Schattendasein führten die Religiösen Sozialisten. Aufsehen erregte allerdings der „Fall Dehn“: Der ihnen nahe stehende Pfarrer Günter Dehn (1882–1970) war seit einem 1928 in Magdeburg gehaltenen Vortrag als Pazifist verrufen und damit auch seiner Kirchenleitung missliebig. Als Dehn 1930 auf eine Professur nach Heidelberg berufen werden sollte, führte das zu Protesten auf der Rechten. Ein weiterer Ruf auf eine Professur im Jahre 1931, diesmal nach Halle, verlief ebenso ergebnislos: Attacken nationalistischer Studenten waren die Folge; Dehn konnte sein Amt nie antreten. Erst nach dem Zweiten Weltkrieg wurde er Professor in Bonn.

Kontrollfragen:

Kontrollfragen

1. Welche Rechtsgrundlage hatte das Verhältnis von Staat und Kirche in der Weimarer Republik?
2. Welche Haltung nahmen evangelische Kirchenvertreter zur Weimarer Republik ein?
3. Wie traten Protestantismus und Katholizismus in der Weimarer Republik öffentlich in Erscheinung?
4. Charakterisieren Sie die theologischen Strömungen in der Weimarer Republik.

6.2 Der Kirchenkampf

Kirchenkampf

Aus heutiger Sicht, die primär nach Widerstand fragt, erscheint der „Kirchenkampf“ oft als defizitär: Er zielte auf die Sicherung des kirchlichen Lebens gegen den Einfluss des Staates und seiner alle Lebensbereiche beanspruchenden Ideologie. Das allerdings war schon viel, zumal der Kirchenkampf auch innerhalb der evangelischen Kirche tobte.

1. Die Haltung der Kirchen zum Nationalsozialismus

Krise

Die Weimarer Republik geriet seit dem Ende der 1920er-Jahre in eine schwere Krise. Dazu trugen wirtschaftliche Nöte bei, doch zeigte sich vor allem, dass die destabilisierenden Kräfte, also vor allem die KPD und die NSDAP, immer stärker wurden. Die Verächtlichmachung demokratischer Institutionen wurde weithin gebilligt, die Sehnsucht nach einem „starken Mann" geschürt. Dazu trugen auch evangelische Publizisten wie Wilhelm Stapel (1882–1954) bei.

Altonaer Bekenntnis

Der Nationalsozialismus wurde in kurzer Zeit zur stärksten politischen Kraft, und dies auch durch seine Brutalität auf der Straße. Im Juli 1932 gab es bei einer Straßenschlacht zwischen Nationalsozialisten und Kommunisten in Altona Tote und Verletzte. Im Januar 1933 veröffentlichten Altonaer Pastoren ein „Wort und Bekenntnis", das sich gegen eine politische Vereinnahmung der Kirche und eine Verabsolutierung politischer Auffassungen in einem quasi-religiösen Sinne verwahrte. Beteiligt daran war Hans Asmussen (1898–1968), der auch im Kirchenkampf eine wichtige Rolle spielen sollte.

Kirchen 1933

Die Ernennung Adolf Hitlers am 30. Januar 1933 zum Reichskanzler erfolgte noch in verfassungsgemäßen Formen. Damit aber begann die eigentliche Machtergreifung, die von Reichstagswahlen unter politischem Terror am 5. März über das Ermächtigungsgesetz vom 23. März zur Alleinherrschaft der NSDAP führte. Die Reaktionen auf protestantischer Seite reichten vom Jubel bis zum vorsichtigen Abwarten. Auf katholischer Seite widerriefen die Bischöfe ihre bisherige Verurteilung des Nationalsozialismus, von dem sie schon aufgrund seiner aggressiven Ideologie nichts Gutes erwartet hatten.

Reichsbischof

Nicht nur die „Deutschen Christen", die den sich dem Nationalsozialismus eng verbunden fühlenden Flügel des Protestantismus repräsentierten, erwarteten von der neuen Obrigkeit eine Beruhigung der Lage und ein Ende der Bedrängnisse durch kirchenfeindliche Äußerungen von Links. Die nationalistische Euphorie beförderte außerdem das Projekt einer Einung des Protestantismus unter einem Reichsbischof. Aus der Mitte der evangelischen Kirche heraus sollte Friedrich von Bodelschwingh (1877–1946), der Sohn des Gründers von Bethel, dieses Amt erhalten, doch fiel es letztlich einem Vertrauten Hitlers zu, nämlich Ludwig Müller (1877–1946).

Deutsche Christen

Zum Zeitpunkt dieses Geschehens, im Sommer 1933, ging es Staat und Partei vor allem um eine Vereinnahmung und Ruhigstellung der Kirchen. Dazu trugen Versprechungen bei, den Kirchen eine herausgehobene Stellung zu geben. Nützliche Parteigänger wurden hofiert; als manche von ihnen nach 1933 wieder erwachten, war es zu spät. Die „Deutschen Christen" waren ein willfähriger Hebel, um in Synoden, Kirchenvorständen und Kirchenleitungen Einfluss zu gewinnen. Aufsehen erregte im November 1933 eine große Kundgebung im Sportpalast, dem größten Saalbau in Berlin, bei dem Redner im deutschchristlichen Geist das Alte Testament und die Theologie des Apostels Paulus als jüdisch und somit als „minderwertig" schmähten.

Arierparagraph

Innerhalb des Protestantismus formierte sich 1933 eine Bewegung, für die Stichworte wie „Bekenntnis" oder „Kirche muss Kirche bleiben" wichtig wurden. Ihr ging es also um die Abgrenzung gegenüber der nationalsozialistischen Ideologie. Zwar scheiterten die unter dem Namen „Jungreformatorische Bewegung" laufenden Anfänge im Juli 1933 bei den Wahlen zu Synoden und Kirchenvorständen, doch gründete sich im September 1933 unter Führung von Martin Niemöller (1892–1984) der „Pfarrernotbund", der sich gegen die Deutschen Christen stellte. Ein konkreter Anlass dafür war der „Arierparagraph": Das staatliche Beamtenrecht schloss nun Beamte jüdischen Glaubens, aber auch Beamte, die jüdische Vorfahren hatten, aus dem Staatsdienst aus. Im Verhältnis von Staat und Kirche stellte sich die Frage, ob dieses Gesetz in das kirchliche Dienstrecht übernommen werden sollte, was angesichts der überschaubaren Zahl von Christen jüdischer Herkunft im kirchlichen Dienst vor allem eine grundsätzliche Frage war. Von deutschchristlicher Seite aus wurde dies klar befürwortet, von der Gegenseite aus verneint.

intakte Landeskirchen

Die Bekenntnisbewegung erhielt Verstärkung durch drei lutherische Bischöfe, die ihre Landeskirchen weitgehend von deutschchristlichem Einfluss freihalten konnten: August Marahrens (1875–1950), Bischof der Hannoverschen Landeskirche, war allerdings eine ambivalente Gestalt. Entschiedener waren die evangelischen Bischöfe von Württemberg und Bayern, Theophil Wurm (1868–1953) und Hans Meiser (1881–1956). Dabei war von vornherein, nämlich seit Ende 1933, klar, dass es sich um eine sehr labile Koalition handelte. Meiser war ein durch und durch deutschnationaler Mann und wie so viele ein Antisemit. Dennoch half er getauften Juden und stritt entschlossen für einen Freiraum für die Kirche. Wurm protestierte später energisch gegen die „Euthanasie", also den organisierten Mord an Behinderten und chronisch Kranken.

2. Der Kampf um die Selbstständigkeit der evangelischen Kirche

Gleichschaltung

Die Politik des Reichsbischofs Müller zielte auf eine Gleichschaltung der evangelischen Landeskirchen, die der staatlichen Gleichschaltung der deutschen Einzelstaaten entsprach. Anders als der Staat kam Müller damit nur in einigen Landeskirchen zum Ziel, zumeist dort, wo ambitionierte Deutsche Christen die Macht an sich rissen. Dies war beispielsweise in Sachsen und Thüringen der Fall.

staatliche Kirchenpolitik

Parallel zur Installation des Reichsbischofs Müller übte der Staat direkten Zugriff aus: Im Juni 1933 wurde mit August Jäger (1887–1949) ein staatlicher Beamter zur Oberaufsicht über die preußische Landeskirche eingesetzt, nachdem der Präsident des Evangelischen Oberkirchenrats zurückgetreten war. Auch Jäger aber konnte die staatliche Kirchenpolitik nicht zur Durchsetzung bringen. Ähnlich erging es dann dem seit Juni 1935 amtierenden Kirchenminister Hanns Kerrl (1887–1941), der einen gemäßigten Weg einschlug, indem er die Vertreter der kirchlichen Flügel in Kirchenausschüssen an einen Tisch zu bringen versuchte. Ein letztes Nachspiel war ein Erlass, der in der Kriegszeit für den „Warthegau", also ein aus dem Staatsgebiet Polens dem Deutschen Reich einverleibtes besetztes Gebiet, galt: Kirchen sollten nur noch privatrechtliche Vereine sein, denen man sich nicht durch die Taufe, sondern nur durch eine Beitrittserklärung anschließen konnte.

Bekenntnissynoden

Die Gegner von kirchlicher Gleichschaltung und ideologischem Totalitätsanspruch des Staates sahen sich als „Bekennende" und somit als wahre Kirche an. Traditionen kirchlicher Selbstorganisation waren vor allem im Rheinland und Westfalen zu Hause, und so wurde die Bekenntnissynode das bevorzugte Organ. Auf Reichsebene waren dies die Synoden von Barmen (1934), Berlin-Dahlem (1934), Augsburg (1935) und Bad Oeynhausen (1936). Die Barmer Theologische Erklärung enthielt einerseits Anklänge an die Theologie Karl Barths – er war einer ihrer Mitverfasser –, andererseits solche an die lutherische Zweireichelehre, denn auch Hans Asmussen war an der Entstehung beteiligt. Unter Anführung von Bibelstellen und unter Verwerfung gegenteiliger Anschauungen wurde in ihr bekräftigt, dass die Offenbarung Gottes allein in Jesus Christus (also nicht in Volk und Rasse) zu finden sei und Botschaft und Gestalt der Kirche sich allein an Bibel und Bekenntnis (also nicht an politischen Erfordernissen) orientieren dürften. Von konservativ-lutherischer Seite aus wurde diese Position entschieden abgelehnt, dafür standen vor allem die Erlanger Theologieprofessoren Paul Althaus (1888–1966) und Werner Elert (1885–1954). In Dahlem wurde im Oktober 1934 die Frage des „kirchlichen Notrechts" diskutiert – hier also begriff man sich ausdrücklich als Gegenkirche und bestätigte den schon in Barmen eingesetzten „Reichsbruderrat". Die Dahlemer Synode war einberufen worden, weil die Bischöfe Meiser und Wurm unter Hausarrest gestellt worden waren.

Spaltung der Bekennenden Kirche

Allerdings beharrten die intakten Landeskirchen auf ihrer eigenständigen Position, nachdem der Hausarrest aufgrund öffentlicher Proteste Ende Oktober 1934 wieder aufgehoben worden war. Der Reichsbruderrat und die Bischöfe der intakten Landeskirche bildeten nun die „Vorläufige Kirchenleitung". Auf der Augsburger Bekenntnissynode war die Ausbildung des theologischen Nachwuchses ein wichtiges Thema, sah man doch die Gefahr, dass die staatlichen Theologischen Fakultäten unterwandert würden. Darum sollten Ausbildungsstätten in kirchlicher Regie gegründet werden, die aber staatlicherseits verboten wurden. In Bad Oeynhausen traten dann die inneren Spannungen in der Bekennenden Kirche offen zutage. Die Bischöfe der intakten Landeskirchen und der Bruderrat unter Niemöller konnten sich nicht einig werden, wie man sich der Politik Kerrls gegenüber verhalten solle. Darüber zerbrach auch die Vorläufige Kirchenleitung (VKL). Unter Niemöllers Führung entstand eine „Zweite VKL", während die Bischöfe der intakten Landeskirchen einen „Lutherrat" gründeten.

3. Der Kampf um das katholische Milieu

Katholizismus/ Nationalsozialismus

Die europäischen Diktaturen fanden in der katholischen Kirche ihren stärksten Widerpart. In Italien stellte der Diktator Benito Mussolini (1883–1945) 1929 den Katholizismus durch die Wiederherstellung des Kirchenstaates, wenn auch in stark verkleinertem Umfang, politisch ruhig. In Deutschland unterlag die katholische Kirche 1933 der gleichen Täuschung wie die evangelische. Die Zentrumspartei löste sich im Juli wie alle anderen Parteien auf. Unterdessen hatten Verhandlungen über ein Konkordat auf Reichsebene begonnen, das zur gleichen Zeit abgeschlossen wurde, aber keineswegs die staatliche Gegengabe für die ohnehin fällige Auflösung des Zentrums war.

Reichskonkordat

Das Reichskonkordat war keine politische Anerkennung des Nationalsozialismus – so sehr dieser von Papst Pius XI. (1857–1939) auch als Bollwerk gegen den Kommunismus geschätzt wurde. Im Reichskonkordat schlug sich vielmehr das Interesse der katholischen Kirche nieder, ihre Integrität zu sichern. Dabei ging es vor allem um den Schutz des kirchlichen Lebens, das nicht unmittelbar in den Pfarrgemeinden stattfand. Eine Vielzahl von Vereinen und Verbänden organisierte das „katholische Milieu". Das Reichskonkordat, das letztlich übereilt abgeschlossen werden musste, vertagte die staatliche Anerkennung dieser Vereine und Verbände auf spätere Verhandlungen, zu denen es nie kam. Immerhin waren der Religionsunterricht und andere kirchliche Anliegen im Konkordat verankert.

„Mit brennender Sorge"

Alles das stand nur auf dem Papier. Die kirchliche Jugendarbeit, ob katholisch oder evangelisch, wurde bekämpft, um sie in die staatliche „Hitlerjugend" zu integrieren. Priester und Mönche wurden sexueller Verfehlungen oder anderer Gesetzesverstöße bezichtigt. Der Religionsunterricht wurde zunehmend unterdrückt, Wallfahrten und Prozessionen, nun geradezu Protestkundgebungen gegen ideologische Vereinnahmungen, behindert. Ähnlich wie der Protestantismus fand aber auch der Katholizismus zu keiner einheitlichen Linie. Die deutsche Bischofskonferenz war sich uneins, und ihr Vorsitzender, der Breslauer Bischof Adolf Bertram (1859–1945), meinte durch Eingaben bei der Regierung etwas erreichen zu können. Andere wie der Münchner Erzbischof Michael Faulhaber (1869–1952), tief im Herzen ein Monarchist, setzten auf Konfrontation. Faulhaber war dann auch entscheidend verantwortlich für die 1937 auf deutsch veröffentlichte Enzyklika Mit brennender Sorge. Pius XI. erhob hier in deutlicher Form Anklage gegen die Verletzungen des Reichskonkordats durch die Kirchenpolitik des Nationalsozialismus und gegen dessen völkische und rassistische Ideologie. Die Enzyklika wurde nach Deutschland geschmuggelt und am 21. März 1937 von den katholischen Pfarrern im Gottesdienst verlesen. Die staatliche Reaktion bestand in harten Repressalien und erneuten Verleumdungen. Aufsehen erregten auch die unter der Hand verbreiteten Predigten des Münsteraner Bischofs Clemens August Graf von Galen (1878–1946), die er 1941 anlässlich der noch im Krieg fortgesetzten Maßnahmen gegen Klöster und vor allem gegen die „Euthanasie" hielt.

4. Judenverfolgung und Schuldreflexion

Antisemitismus

Der Antisemitismus war nicht nur den Deutschen tief eingewurzelt und paarte sich vor allem bei Protestanten mit einem entschiedenen Nationalismus. Schon im Kaiserreich war ein prominenter Protestant wie Adolf Stoecker (1835–1909), der führende Mann der Inneren Mission in Berlin, als Antisemit ebenso bekannt wie manchen peinlich geworden. Gegenbewegungen wie der kleine, protestantisch dominierte „Verein zur Abwehr des Antisemitismus" vermochten dagegen fast nichts auszurichten.

Kirche und Judentum

Durch den Nationalsozialismus wurden Rassismus und Antisemitismus ein Teil des politischen Systems. Nicht nur der Ton wurde aggressiver: Am 1. April 1933 wurde ein Boykott von Geschäften, die Menschen jüdischen Glaubens gehörten, inszeniert. Die christlichen Kirchen kümmerte das Schicksal ihrer jüdischen Mitmenschen im Ganzen wenig. Einzelne zeigten Mut, indem sie zum Beispiel Verfolgte versteckten. Für getaufte Juden wurden Hilfsstellen eingerichtet, deren wichtigste das 1938 eingerichtete „Büro Grüber" das Pfarrers Heinrich Grüber (1891–1975) in Berlin war. Die „Judenfrage" war für die Kirchen vor allem eine „Judenchristenfrage".

Bonhoeffer

Dies galt prinzipiell auch für Dietrich Bonhoeffer (1906–1945), der aus Enttäuschung über die kirchliche Akzeptanz des „Arierparagraphen" 1933 auf eine Auslandspfarrstelle nach England ging, 1935 aber zurückkehrte. Bonhoeffer stellte als einer der wenigen die Frage nach der Legitimität nationalsozialistischer Herrschaftsausübung, und er ging so weit, sich dem politisch-militärischen Widerstand anzunähern. 1943 wurde er verhaftet, 1945 hingerichtet.

katholische Kirche

Im Blick auf die katholische Kirche richteten sich die Augen, vor allem im nachhinein, auf den Papst. Die päpstliche Diplomatie vermied offensive Äußerungen, da diese erfahrungsgemäß zu scharfen Gegenreaktionen führten. Konkrete Hilfe wurde geleistet, andererseits wurde sie auch auf katholischer Seite unterlassen oder die Verfolgung gar gebilligt. Der Berliner Dompropst Bernhard Lichtenberg (1875–1943), der ähnlich wie Grüber eine Hilfsstelle leitete, starb in der Haft auf dem Weg ins Konzentrationslager Dachau.

Judenverfolgung

Die systematische Ausrottung von sechs Millionen Menschen jüdischen Glaubens fand außerhalb der Reichsgrenzen statt. In Deutschland lebten rund eine halbe Million Juden, von denen ein Teil das Land verlassen konnte. Unübersehbar aber war die Entrechtung dieser Menschen schon vor dem Krieg, unübersehbar die Reichspogromnacht am 9. November 1938, unübersehbar die späteren Deportationen in die Vernichtungslager. Am Buß- und Bettag des Jahres 1938 wurde in wenigen Predigten Nachdenklichkeit laut. Erst nach dem Ende des Krieges und oft erst viel später waren die Kirchen als Institutionen in der Lage, ihre Schuld zu bekennen.

Schuldbekenntnisse

Das im Oktober 1945 beschlossene „Stuttgarter Schuldbekenntnis" des neu gegründeten Rates der Evangelischen Kirche in Deutschland (EKD) sprach zwar davon, „daß wir nicht mutiger bekannt, nicht treuer gebetet, nicht fröhlicher geglaubt und nicht brennender geliebt haben", und bekannte damit immerhin die deutsche Schuld an den Nachbarn, nicht aber die an den Mitmenschen im eigenen Lande. Schon das Bekenntnis an sich aber war zu viel: Als der Text bekannt wurde, kam ein Proteststurm auf. Die Deutschen wollten nicht schuldig sein. Zustande gekommen war die Erklärung ohnehin nur auf Verlangen einer ökumenischen Delegation, die den Christen im zerbombten Deutschland internationale Hilfe bringen wollte, dafür aber ein Zeichen der Selbstbesinnung erwartete. Kirchenvertreter aus Ländern, die oft kurz zuvor noch von deutschen Truppen besetzt gewesen waren, reichten nun den Deutschen die Hand und nahmen sie wieder unter die zivilisierten Völker auf. Schon vor der EKD hatten die katholischen Bischöfe im August 1945 in Fulda auf ihrem ersten Treffen nach dem Krieg ein verhaltenes Schuldbekenntnis abgelegt, das von dem Bewusstsein geprägt war, der Katholizismus habe sich in der Auseinandersetzung mit dem Nationalsozialismus bewährt.

Kontrollfragen:

Kontrollfragen

1. Was wollte die „Bekennende Kirche" und wie war sie organisiert?
2. Wie stand die katholische Kirche zum Nationalsozialismus?
3. Wie standen die Kirchen zur „Judenfrage"?

6.3 Die Kirchen in beiden Teilen Deutschlands

gesamtdeutsche Organisationen

Die deutsche Geschichte von 1945 bis 1989 steht unter dem Vorzeichen der von den Führern der Sowjetunion und der DDR betriebenen deutschen Spaltung. So fanden sich die Kirchen bald unter ganz unterschiedlichen Verhältnissen wieder: In der DDR standen sie in einem zweiten Kirchenkampf, in der Bundesrepublik Deutschland konnten sie sich als Partner des Staates verstehen. So gut es ging, versuchten die Kirchen eine gesamtdeutsche Klammer zu bilden, doch war dies unterhalb der offiziellen Ebene kaum mehr möglich. Zu Demonstrationen kirchlicher und nationaler Einheit wurden die Kirchentage, die seit 1949 öffentliche Großveranstaltungen waren. Der letzte offiziell gesamtdeutsche Kirchentag fand 1954 in Leipzig statt, doch blieb die deutsche Frage auch auf späteren Kirchentagen auf der Tagesordnung.

1. Die Integration der Kirchen in die westdeutsche Demokratie

Nachkriegszeit

Die Bundesrepublik Deutschland entstand aus den drei westlichen Besatzungszonen. Die Besatzungsmächte betrachteten die

Kirchen als Institutionen, die den Nationalsozialismus einigermaßen integer überstanden hatten. So wurde ihnen ein Freiraum zugestanden, zu dem auch die Selbstentnazifizierung gehörte. Dabei zeigte sich, dass diese nicht entschieden genug betrieben wurde. Wichtig waren die Kirchen, schon weil sie internationale Hilfe verteilen konnten, für die Versorgung der Flüchtlinge, Vertriebenen und durch den Bombenkrieg Wohnungslosen.

EKD

Das Wohlwollen der Besatzungsmächte erlaubte auch eine gemeinsame Organisation über die Grenzen der Besatzungszonen hinweg. Schon im August 1945 konnten sich auf Initiative Bischof Wurms Kirchenvertreter – vor allem aus den drei westlichen Zonen – im hessischen Treysa treffen. Hier wurde nun der Rat der Evangelischen Kirche in Deutschland (EKD) gegründet, der vorläufig ohne eine Synode oder andere Organe agierte, dem aber unter anderem ein kirchliches Hilfswerk zugeordnet war. Der Rat sollte die unterschiedlichen Gruppierungen, natürlich unter Ausschluss der Deutschen Christen, integrieren, und so saßen hier die Bischöfe Hans Meiser und Theophil Wurm neben Hans Asmussen und Martin Niemöller. Zum Rat gehörte auch Gustav Heinemann (1899–1976), der der Bekennenden Kirche als Jurist zugearbeitet hatte und später Justizminister und Bundespräsident wurde. Leiter des Hilfswerkes wurde der spätere Bundestagspräsident Eugen Gerstenmaier (1906–1986). Erst 1948 war die EKD auf der Basis einer „Grundordnung“ voll handlungsfähig.

Kirche und Staat

Das Grundgesetz der Bundesrepublik Deutschland, das 1949 als vorläufige Verfassung in Kraft trat, regelte das Verhältnis von Staat und Kirche, indem es die Regelungen der Weimarer Reichsverfassung im Wesentlichen übernahm. Die Länderverfassungen erhielten dem Grundgesetz entsprechende Regelungen, die durch Verträge zwischen den Landeskirchen und den Bundesländern ausgestaltet wurden. Dieses Verhältnis von Staat und Kirche wurde 1959 auch von der SPD akzeptiert, die sich auf einem Parteitag in Godesberg ein neues Programm gab und darin erstmals die öffentliche Rolle der Kirchen anerkannte. Diese Öffnung war auch mit der Hoffnung auf die Erschließung neuer, christlich geprägter Wählerschichten verbunden. Unterdessen waren aus dem Zentrum die CDU und in Bayern aus der Bayerischen Volkspartei die CSU erwachsen, die sich als überkonfessionelle Volksparteien verstanden. Dies hatte Konrad Adenauer (1867–1967) schon in seiner Zeit als Zentrumspolitiker in den 1920er-Jahren angestrebt. Protestanten erhielten im Evangelischen Arbeitskreis der CDU ein eigenes Forum.

Wiederbewaffnung

Schon am Anfang der 1950er-Jahre stellte sich die Frage der Wiederbewaffnung Deutschlands, und am Ende des Jahrzehnts sogar die der Ausrüstung der Bundeswehr mit Atomwaffen. Die evangelische Kirche, die bis dahin den Pazifismus weitgehend ablehnte, sah sich nach den Erfahrungen des Zweiten Weltkriegs genau mit diesem konfrontiert. Es kam nun zu keiner gemeinsamen Positionsbestimmung mehr: Die Frage, ob man Soldat werden könne oder nicht, wurde gut protestantisch an das Gewissen des Einzelnen verwiesen. Das Thema der Ausrüstung der Bundeswehr mit Atomwaffen brachte die EKD an den Rand einer Spaltung. 1958 konnte die EKD-Synode nur noch zu einer „Ohnmachtsformel" Zuflucht nehmen: „Wir bleiben unter dem Evangelium zusammen".

2. Die Neuauflage des Kirchenkampfes in der sozialistischen Diktatur

sowjetische Zone

In der sowjetischen Besatzungszone genoss die Kirche anfangs ebenfalls einen gewissen Respekt, zumal ihr die meisten Menschen noch angehörten. Schon bald änderte sich dies und mit der Gründung der DDR im Jahre 1949 erst recht. Zwar griff auch die Verfassung der DDR aus diesem Jahr auf Regelungen der Weimarer Reichsverfassung zurück, doch waren diese Garantien wertlos. Die SED, entstanden durch die Zwangsvereinigung von SPD und KPD, verfolgte eine militant atheistische Politik.

Jugend

Wie im Nationalsozialismus ging es um die Vereinnahmung der Jugend, deren staatliche Organisation nun „Freie Deutsche Jugend" (FDJ) hieß. Die gottlosen Phrasen wechselten, die Rituale blieben die gleichen. Hauptziel des staatlichen Terrors waren die „Jungen Gemeinden", meistens Kreise christlicher Oberschüler. Sie wurden als geheime Spionageorganisationen verleumdet. In Wirklichkeit suchten junge Menschen nach einem Reservat geistiger Freiheit, das es bald nur noch im Kreise der Familie gab.

Die Evangelischen Studentengemeinden wurden aus dem gleichen Grund bekämpft. 1957 wurde der Leipziger Studentenpfarrer Siegfried Schmutzler (1915–2003) verhaftet und eingesperrt.

Kirche und Staat

In den 1950er-Jahren wurde der Religionsunterricht aus den Schulen verdrängt und 1958 offiziell abgeschafft. Der kirchliche Ersatz dafür wurde eine Unterweisung in der Gemeinde, die Christenlehre, die einem schon im Nationalsozialismus entwickelten Konzept folgte. Als Konkurrenz zur Konfirmation wurde die Jugendweihe eingeführt, die – anfangs mühsam als freigeistige Alternative verbrämt – nichts weiter war als ein Bekenntnis zu einem Staat, der nicht nur als stählerne Amme geliebt, sondern als Götze angebetet werden wollte. Religion wurde als unwissenschaftlich und überholt lächerlich gemacht, Christen, die die Glaubens- und Gewissensfreiheit mühsam zu bewahren versuchten, gedemütigt. Dies war nicht überall in gleicher Weise so, aber es gehörte zum Kern sozialistischer Politik. Die Ost-CDU gab sich zwar christlich, doch war sie inzwischen nichts weiter als eine Zweigstelle der SED.

Militärseelsorge

Als die EKD 1957 einen Vertrag mit der Bundesregierung abschloss, in dem die durch das Grundgesetz verbürgte Seelsorge an Soldaten geregelt wurde, war dies für die DDR-Führung ein willkommener Anlass, die westdeutschen Landeskirchen als „NATO-Kirchen“ zu beschimpfen. Die Landeskirchen in der DDR, noch zur EKD gehörend, mussten sich eilends vom „Militärseelsorgevertrag“ distanzieren. Als die ostdeutschen Landeskirchen 1965 eine „Handreichung für die Seelsorge an Wehrpflichtigen“ verabschiedeten, nahm die DDR-Führung das sehr übel und unterband dieses Vorhaben.

Christenverfolgung

In den 1950er- und 1960er-Jahren war der Thüringische Landesbischof Moritz Mitzenheim (1891–1977) der liebste Verhandlungspartner der DDR-Führung. Mitzenheim vertrat eine Zwei-Reiche-Lehre, die dem Staat alle Freiheiten ließ und die Kirche zugleich zu seinem willfährigen Werkzeug machte. Mitzenheim durfte 1958 ein Abkommen mit dem Ministerpräsidenten der DDR, Otto Grotewohl (1894–1964), abschließen, in dem die Kirchen darauf verzichteten, sich unter Berufung auf die Verfassung von 1949 über staatliche Übergriffe zu beschweren. Unterdessen waren drei Millionen Menschen aus der DDR geflohen, unter ihnen viele engagierte Christen. Am Volksaufstand des 17. Juni 1953 hatten sich Kirchenvertreter nur vereinzelt beteiligt. Die kirchliche Zurückhaltung hatte auch damit zu tun, dass der Staat am 10. Juni versprochen hatte, die Verfolgung von Christen – besonders die von Oberschülern und Studenten – einzustellen. Dies war natürlich nicht mehr als ein Täuschungsmanöver und geschah auf Geheiß der Sowjetunion, die sich ein geschickteres Vorgehen wünschte. 1957 wurde ein Staatssekretär für Kirchenfragen eingesetzt; auch die zweite deutsche Diktatur bevorzugte also eine direkte Kontrolle der Kirche. Willfährige Parteigänger des Systems waren „progressive" Theologinnen und Theologen, der Zahl nach wenige, die aber umso mehr von Staat und Partei hofiert wurden. Ein heikles Spannungsfeld waren die Theologischen Fakultäten, die in unterschiedlichem Maße staatlichem Zugriff ausgesetzt waren.

nach dem Mauerbau

Der Bau der Berliner Mauer am 13. August 1961 verschloss das letzte Schlupfloch. Den Kirchen blieb nichts anderes übrig, als sich einzurichten. Die „Zehn Artikel von Freiheit und Dienst der Kirche" aus dem Jahre 1963 zeugten von dem Versuch, einen Weg der Selbstbehauptung ohne Anpassung an die sozialistische Ideologie zu gehen. Die katholische Kirche, Vertreterin einer konfessionellen Minderheit, tauschte ihre zuvor kämpferische Haltung gegen eine pragmatische Stillhaltepolitik ein. Die evangelischen Kirchen hatten inzwischen einen großen Teil ihrer Mitglieder verloren, die Tauf- und Konfirmationszahlen waren stark zurückgegangen. Der Staat lockerte seinen Würgegriff aber nicht, sein Ziel war der „umfassende Aufbau des Sozialismus". Mitzenheim führte 1964 auf der Wartburg mit dem Diktator Walter Ulbricht (1893–1973) ein seltsam inhaltsleeres Gespräch, das von der staatlichen Propaganda aber als Beleg für ein ideales Verhältnis von Staat und Kirche ausgegeben wurde. Zu leiden hatten weiterhin christliche Kinder, die fast von der Wiege an dem staatlichen Zugriff ausgesetzt waren. Der Ausbau der Kinderbetreuung war Teil eines Erziehungskonzepts, das kritiklose und arbeitsame Untertanen, „sozialistische Persönlichkeiten" nämlich, erzeugen sollte. Kindern aus christlichen Elternhäusern wurden Abitur und Studium oft verwehrt. Letzte Kraftproben um die wechselseitige Ausschließlichkeit von Jugendweihe und Konfirmation verlor die Kirche. Als 1968 eine „sozialistische Verfassung" in Kraft trat, wurden die Kirchen hierin der Staatsaufsicht unterstellt. Im gleichen Jahr wurde im Zuge des Neubaus der Leipziger Universität die aus dem Mittelalter stammende und völlig intakte Universitätskirche gesprengt. Zu einer sozialistischen Universität passten weder Gott noch Geist. Andererseits wagten Kirchenvertreter noch kritisch-nachdenkliche Stellungnahmen zur Niederschlagung des „Prager Frühlings" im August 1968.

3. Die Theologie

Konflikte

In den 1950er-Jahren erregte die Theologie des Marburger Neutestamentlers Rudolf Bultmann (1884–1976) großes Aufsehen. Bultmann propagierte die „Entmythologisierung" im Sinne einer Entkleidung der neutestamentlichen Botschaft von zeitgebundenen Aussagen. Als Gewinner des Kirchenkampfes konnten sich die Vertreter der Dialektischen Theologie fühlen. Damit setzte sich die Tendenz fort, Theologie als eine an die Kirche gebundene Wissenschaft zu verstehen. In diesem Zuge wurden Kirchliche Hochschulen, so in Wuppertal, Berlin und Neuendettelsau gegründet. Später geschah dies auch in der DDR, zum Beispiel in Leipzig, doch unter ganz anderen politischen Vorzeichen.

Neuansätze

Grundsätzliche Veränderungen in der Theologie waren in den 1960er-Jahren zu beobachten. Schon die Debatten der 50er-Jahre hatten den Protestantismus auch nach links hin politischer werden lassen. Zu Foren eines Dialogs mit der Politik waren vor allem die Evangelischen Akademien geworden. Jetzt stellte sich die Frage, wie die Theologie zu den gesellschaftlichen Veränderungen stand, die sich anbahnten. Nun war nicht nur eine Orientierung am Menschen, sondern auch an der Gesellschaft und der Politik gefragt. Die Predigt sollte nicht mehr im dialektisch-theologischen Sinne Verkündigung sein, sondern die Lebensumstände der Menschen einbeziehen. Gleiches galt für den Religionsunterricht, der sich an den Schülerinnen und Schülern orientieren sollte.

Kontrollfragen:

Kontrollfragen

1. Wie stand der Protestantismus zum Wehrdienst?
2. Was waren die Hauptkonflikte zwischen Staat und Kirche in der DDR in den 1950er- und 1960er-Jahren?

6.4 Neue Herausforderungen in den 1960er- und 1970er-Jahren

Veränderungen

In den 60er-Jahren des 20. Jahrhunderts veränderten sich die Einstellungen vieler Menschen rapide. Wachsender Wohlstand, wachsende Mobilität, wachsende Bildung und nicht zuletzt das Fernsehen als nivellierendes Medium begünstigten das Streben nach Individualität, Selbstentfaltung und mündiger Mitwirkung am Gemeinwesen.

1. Das II. Vatikanische Konzil

Johannes XXIII.

Die katholische Kirche war von den in der westlichen Welt spürbaren Veränderungen genauso betroffen wie die evangelische. Die Milieubindung schwand, die Moderne konnte als Bedrohung, aber auch als Chance begriffen werden. Pius XII. hatte hier und da Signale gesetzt, dass eine Überwindung der antimodernistischen Beschränkungen in gewissen Grenzen möglich sein könnte. Sein Nachfolger, Johannes XXIII. (1891–1963), brachte bald nach dem Antritt seines Pontifikates im Jahre 1958 seinen Plan vor, wieder ein Konzil einzuberufen. Nicht klar war, ob dieses einer antimodernistischen Absicherung oder einer Öffnung dienen sollte. Verstanden wurde es dann oft im Zeichen einer Öffnung, eines aggiornamento, also einer Annäherung an die Welt von heute.

das Konzil

Die Dokumente des von 1962 bis 1965 tagenden II. Vatikanischen Konzils ließen sich in diesem Sinne lesen, und manchem traditionsorientierten Katholiken waren sie der Moderne gegenüber viel zu aufgeschlossen. Vieles in den Äußerungen des Konzils war zudem ambivalent. Wohl wurden andere Religionen und andere christliche Kirchen nun anerkannt, aber eben nur in einem minderen Sinne, blieb die wahre Kirche doch die römisch-katholische. Die Laien sollten als „Volk Gottes“ mehr Mitspracherecht genießen und die Bischöfe in ihren Diözesen größere Kompetenzen haben, die hierarchische Struktur der Kirche blieb aber erhalten. Eine liturgische Reform wurde angestrebt, die die Dominanz der lateinischen Messe zugunsten volkssprachlicher Anteile zurückdrängen sollte, und sehr schnell wurde die Messe in modernen Landessprachen zur Norm. Ob dies aber so gemeint war, blieb strittig und führte zu Gegenbewegungen, die das Festhalten an der lateinischen Messe favorisierten. Insgesamt aber gab das Konzil, obwohl der Nachfolger Johannes' XXIII., Paul VI. (1897–1978), den Reformeifer schon dämpfte, Impulse für eine ökumenische und politische Öffnung. Mit Johannes Paul II. (1920–2005) wurde dann ein Mann das Oberhaupt der katholischen Kirche, der aufgrund seiner polnischen Herkunft besondere diplomatische Sensibilität für die Lage der katholischen Christen in den sozialistischen Diktaturen hatte.

2. Die Neuausrichtung des westdeutschen Protestantismus

1960er-Jahre Der Protestantismus war in den 1960er-Jahren eine wichtige gesellschaftliche Kraft. Prominente von CDU und SPD wie Heinemann, Gerstenmaier oder auch der spätere Bundespräsident Johannes Rau (1931–2006) und der einflussreiche SPD-Politiker Herbert Wehner (1906–1990) waren evangelische Christen. So gab es genug politische Hintergründe, als die EKD sich in den 1960er-Jahren einer der heikelsten Fragen der Zeit annahm, nämlich der des Umgangs mit den Vertriebenen und der Aussöhnung mit den östlichen Nachbarländern, vor allem mit Polen, das unter den Verbrechen der deutschen Besatzungsherrschaft bitter zu leiden gehabt hatte. Beide Fragen gehörten untrennbar zusammen, hing daran doch letztlich die Anerkennung der Abtretung der ehemaligen deutschen Ostgebiete an Polen. Das Ergebnis war der kurz Ostdenkschrift genannte Text „Die Lage der Vertriebenen und das Verhältnis des deutschen Volkes zu seinen östlichen Nachbarn" aus dem Jahre 1965. Darin wurde einerseits das Unrecht an den Vertriebenen – Millionen von Deutschen, die ihren Besitz und ihre Heimat verloren hatten und von denen viele ums Leben gekommen waren – beim Namen genannt. Andererseits wurde dazu aufgerufen, die politischen Realitäten, also die Abtretung der ehemaligen deutschen Ostgebiete und somit die Oder-Neiße-Grenze anzuerkennen. Die Vertriebenen fühlten sich von der Denkschrift brüskiert und von der Kirche verraten. Auf der anderen Seite zeigte die überaus kontroverse Diskussion, dass immerhin eine gewisse Akzeptanz vorhanden war, die dann auch von der deutschen Außenpolitik zur Grundlage konkreter Verhandlungen gemacht wurde. Katholischerseits bot ein Briefwechsel zwischen deutschen und polnischen Bischöfen im Umfeld des II. Vatikanischen Konzils einen Anhaltspunkt für eine einsetzende Versöhnung.

1968

Eine besondere Herausforderung stellten für die Kirchen die gesellschaftlichen Veränderungen dar, für die das Jahr 1968 steht. Nicht nur Studenten verlangten nach mehr Selbstbestimmung im privaten wie im öffentlichen Bereich. Normüberschreitungen wurden mit Lust zelebriert. Mehr als jeder Ruf nach „sexueller Revolution“ hatte unterdessen die Anti-Baby-Pille das Sexualverhalten verändert. Unter der seit 1969 regierenden Sozialliberalen Koalition wurden Reformen entschieden durchgesetzt, die zugleich Verschiebungen in der gesellschaftlichen Normenbildung unterstützten. So wurde endlich die Homosexualität entkriminalisiert und das Schuldprinzip im Scheidungsrecht aufgehoben. Protest in konservativen christlichen Kreisen konnte nicht ausbleiben. Besonders strittig war die Reform des Abtreibungsrechts, die innerhalb der evangelischen Kirche sehr umstritten war und gegenüber der sie zu keiner einheitlichen Position fand. Dies fiel der katholischen Kirche leichter: Sie blieb bei einer restriktiven Haltung. Immer noch waren die Kirchen wichtige gesellschaftliche Institutionen, die Bundeskanzler Willy Brandt (1913–1992) 1969 nicht ohne Grund zu Dialog und Partnerschaft einlud.

Frauen

Die allgemein verbreitete Reformstimmung fand ihre Vertreterinnen und Vertreter auch in Kirchenvorständen und Synoden. Zu den gesellschaftlichen Strömungen, die auf Emanzipation und die Pluralisierung von Lebensentwürfen zielten, zählte die Frauenbewegung. Innerhalb der Kirche verlangten Frauen nach Anerkennung, und dies auch im Pfarramt. Frauen konnten wie schon seit der Zeit der Bekennenden Kirche nur „Vikarinnen" werden, die auf bestimmte kirchliche Handlungsfelder eingeschränkt waren. Erst allmählich wurde in den meisten evangelischen Landeskirchen seit den 1950er-Jahren die Frauenordination eingeführt; die vollwertige dienstrechtliche Anerkennung war dann noch ein zweiter Schritt, und noch länger dauerte es bis zum Aufrücken von Frauen in kirchliche Leitungsämter.

Polarisierung

In vielem passte sich der Protestantismus an die neuen gesellschaftlichen Bewegungen an. Dies schloss eine verstärkte Orientierung nach links ein. Das von Dorothee Sölle (1929–2003) initiierte „Politische Nachtgebet" wurde zu einem der Symbole dieser Tendenz, die radikale Gegner auf den Plan rief: Konservative, später evangelikal zu nennende Kreise formierten sich unter dem Motto „Kein anderes Evangelium" neu, nachdem sie sich in den 50er- und frühen 60er-Jahren an der Theologie Bultmanns abgearbeitet hatten. Den Kirchentagen, die zunehmend zu Foren gesellschaftlicher Veränderungen wurden, stellte diese Bewegung „Gemeindetage unter dem Wort" entgegen. Allerdings verloren beide Flügel des Protestantismus im Zuge einer zunehmenden politischen Ernüchterung in den 70er-Jahren an Kraft.

1970er-Jahre

Zu innerprotestantischen Kontroversen kam es dann wieder am Ende der 70er-Jahre. Nun ging es um die Friedensbewegung, die angesichts der atomaren Aufrüstung in Ost und West zu einer Massenbewegung wurde. Wie 20 Jahre zuvor, so konnte die EKD auch jetzt zu keiner einheitlichen Haltung finden. Der Maßstab blieb letztlich das Gewissen des einzelnen, und von der eigenen Einstellung war dann auch die Interpretation kirchlicher Äußerungen abhängig. Seinen gesellschaftlichen Einfluss verlor der Protestantismus nun zusehends. Die Kirchenaustrittszahlen wirkten alarmierend, und trotz rasant gestiegener Kirchensteuermittel, die noch eine flächendeckende kirchliche Versorgung ermöglichten, ließ sich dieser Prozess nicht umkehren. Die Kirchentage, die in den 60er-Jahren einen starken Teilnahmeschwund zu verzeichnen hatten, wurden andererseits zu echten Massenveranstaltungen, auf denen die unterschiedlichsten Facetten des Protestantismus zur Darstellung kamen.

Kontrollfragen:

Kontrollfragen

1. Was erbrachte das II. Vatikanische Konzil?
2. Was ist die „Ostdenkschrift“?
3. Welche Bedeutung hatte „1968“ für die Kirchen?

6.5. Die kirchlichen Verhältnisse in der DDR und die Wende

Spaltung der EKD

Die DDR-Führung arbeitete in den 1960er-Jahren konsequent auf die Sprengung der letzten innerdeutschen Klammer hin: Dies waren die EKD und die konfessionellen Bünde, also die 1948 gegründete Vereinigte Evangelisch-Lutherische Kirche und die aus den preußischen Provinzialkirchen hervorgegangene „Evangelische Kirche der Union“. Dem Bischof von Berlin-Brandenburg, Otto Dibelius (1880–1967) wurde 1955 der Zutritt in die Teile seiner Diözese verwehrt, die auf dem Gebiet der DDR lagen. Langfristig blieb nichts als eine Teilung der Berlin-Brandenburgischen Landeskirche und somit eine Teilung des Bischofsamtes. Die EKD-Synode, die seit dem Mauerbau ohnehin nur noch getrennt tagen konnte, betonte 1967 in ihrem in Fürstenwalde in der DDR tagenden Teil den Wunsch nach Einheit ebenso wie die Notwendigkeit einer gegenseitigen Freigabe. Daraus folgte die Gründung des Bundes der Evangelischen Kirchen in der DDR, der in seiner Grundordnung von 1969 weiter an der „besonderen Gemeinschaft der ganzen evangelischen Christenheit in Deutschland“ festhielt und darum vom Staat erst 1971 anerkannt wurde. Staat und Partei wäre es auch lieber gewesen, hätte man sich die Landeskirchen einzeln gefügig machen können.

Kirche unter dem Sozialismus

Innerhalb des Kirchenbundes, dessen Sprecher der Bischof von Ost-Berlin und Brandenburg, Albrecht Schönherr (1911–2009) wurde, begann nun die Suche nach einer Identität und einem Weg in die Zukunft. Versuche, den Kirchenbund stärker zu zentralisieren, verliefen genauso im Sande wie ähnliche Versuche der westdeutschen EKD. Die Landeskirchen behielten ihre eigene Prägung. „Kirche im Sozialismus“ wurde nun ein viel diskutiertes Stichwort: Die Kirche sollte also nicht gegen und nicht für, sondern im Sozialismus sein. Damit verbunden war der Anspruch, auch außerhalb der Kirchenmauern wirken zu wollen. Der Erfurter Propst Heino Falcke (geb. 1929) prägte das Wort von der „Kirche für andere", die also auch für Nichtchristen da sein sollte. Der Staat war davon nicht erbaut, doch herrschte, jedenfalls auf der offiziellen Ebene, ein gewisser Burgfriede. Hoffnungen weckte 1975 die in Helsinki tagende „Konferenz für Sicherheit und Zusammenarbeit in Europa" (KSZE), an der auch die sozialistischen Länder teilnahmen. Sie unterschrieben nun Erklärungen zur Einhaltung der Menschenrechte, an die Abweichler im eigenen Land sie erinnern konnten. Aufschreckend wirkte ein Jahr später die Selbstverbrennung des Pfarrers Oskar Brüsewitz (1929–1976), mit der er gegen den faulen Frieden von Staat und Kirche protestieren wollte.

Spitzengespräch 1978

Da man die Kirchen als Brücken in den Westen brauchte und das lästige Image des Christenverfolgers loswerden wollte, wurde am 6. März 1978 ein „Spitzengespräch" zwischen Erich Honecker (1912–1994) und anderen Vertretern der Staats- und Parteiführung auf der einen und Bischof Schönherr und Vertretern des Kirchenbundes auf der anderen Seite abgehalten. Konkrete Verbesserungen wurden vereinbart: Kirchliche Neubauten sollten vermehrt möglich sein (wenn auch aus der Bundesrepublik finanziert), die Kirchen erhielten Sendeplätze im Fernsehen, das anstehende Lutherjubiläum 1983 sollte gemeinsam von Staat und Kirche vorbereitet werden. Typisch war aber, dass kurz nach dem Gespräch in den Schulen der Wehrunterricht eingeführt wurde, der zum Hass gegen den „Klassenfeind" erzog. Dabei hatte Bischof Schönherr beim „Spitzengespräch" die Gewissensnöte christlicher Kinder und Eltern angesichts des Totalitätsanspruchs des Sozialismus ausdrücklich zur Sprache gebracht.

Friedensbewegung

Die Aufrüstung in Ost und West war auch in der DDR ein Thema, obwohl es nur in offizieller Interpretation in den Medien vorkam. Ihr zufolge galt: „Der Friede muss bewaffnet sein." Dementsprechend waren andere Äußerungen verboten, und Treffen von Friedensbewegten waren allenfalls in kirchlichen Räumen möglich. Nur von Teilen der Kirche wurde die Forderung nach einem „Sozialen Friedensdienst", also einem Zivildienst, mitgetragen. Die einzige Alternative zum Wehrdienst war ansonsten der Dienst bei den „Bausoldaten", eine Art Arbeitsdienst unter militärischer Aufsicht.

Bürgerrechtsbewegung

Auch die Ökologiebewegung, die einen verzweifelten Kampf gegen die Ruinierung der Umwelt durch die marode Industrie führte, fand Schutz in Kirchengemeinden, und ebenso auch die Ausreisebewegung, wobei strittig war, ob „Hierbleiben" nicht die bessere Alternative wäre. Die Kirchenleitungen zogen sich häufig auf eine distanzierte Haltung gegenüber diesen Bürgerrechtsbewegungen zurück, um das labile Einvernehmen mit dem Staat nicht zu gefährden. Werner Leich (geb. 1927), Bischof der Thüringischen Landeskirche und kein Vertreter der Mitzenheimschen Linie, machte 1988 aber als Sprecher der Evangelischen Landeskirchen in der DDR gegenüber Erich Honecker deutlich, dass man kirchlicherseits das Aufbegehren in der Gesellschaft als nicht zu leugnendes Krisensymptom wahrnahm.

Wende 1989

In den 80er-Jahren wurden die montäglichen Friedensgebete in der Leipziger Nikolaikirche eine feste Einrichtung. Sie hatten sich gegen staatliche Repressalien und kirchliche Befürchtungen, dem Staat zu viel Angriffsfläche zu bieten, zu behaupten. Im Herbst 1989 wurden aus den Friedensgebeten Montagsdemonstrationen, bei denen Zehn- und dann Hunderttausende für Bürgerrechte demonstrierten. Inzwischen hatten sich in der Sowjetunion unter Michael Gorbatschow (geb. 1931) dramatische Veränderungen vollzogen, die dazu ermutigten, an Reformen zu denken. Die von Leipzig ausgehende friedliche Revolution führte zum Sturz der SED-Diktatur und schließlich zur Wiederherstellung der Einheit Deutschlands und somit auch der Einheit der EKD. Der Religionsunterricht wurde nun in den neuen Bundesländern bis auf Brandenburg dem Grundgesetz gemäß ordentliches Schulfach. Diese und andere Angleichungen lösten aber auch Unbehagen aus. Die Frage war, ob die Kirche den ihr nun offenen gesellschaftlichen Raum würde ausfüllen können.

Kontrollfragen:

Kontrollfragen

1. Welche Stellung hatten die Kirchen in der DDR in den 1970er-Jahren?

2. Was ist das „Spitzengepräch" von 1978, was sind seine Ergebnisse?
3. Welchen Anteil hatte die Kirche an der Wende von 1989?

6.6 Die Ökumenische Bewegung

Ursprünge Die Ökumenische Bewegung hatte ihre Ursprünge im 19. Jahrhundert, vor allem in der Erweckungsbewegung und den Freikirchen, die in England und den Vereinigten Staaten zu Hause waren. Sie war aber keine Schöpfung von Kirchen, sondern von Einzelpersonen. Dies gilt auch für die 1846 in London gegründete Evangelische Allianz, die eine Art Dachverband für erweckte Gruppierungen wurde. In der zweiten Hälfte des 19. Jahrhunderts gab die internationale Jugend- und Studentenbewegung, die sich unter anderem im 1855 in Paris gegründeten „Christlichen Verein Junger Männer" (CVJM) manifestierte, der Bewegung ebenso Rückhalt wie die gemeinsame Arbeit in der Mission. Aus diesen Kreisen kam John Mott (1865–1955). Er war einer der Väter der Ökumene des 20. Jahrhunderts und nach dem Ersten Weltkrieg der Vertreter des Gedankens, die Ökumene müsse ein geistlicher Völkerbund zur Förderung von Frieden und Versöhnung sein.

Mission Der Missionsgedanke war typisch für den erweckten Protestantismus: Der „Inneren Mission" entsprach die Äußere. Die Menschen sollten zum Christentum und damit letztlich zum Protestantismus bekehrt werden. Träger dieser Bemühungen waren Missionsgesellschaften, also die für die Erweckung typischen Vereine. In der Missionsarbeit ergaben sich enge und oft problematische Verbindungen zur Kolonisation, ohne dass die Missionare bloße Helfershelfer der Kolonisation gewesen wären: Sie brachten Bildung und ärztliche Hilfe und damit auch Modernisierung. Dass Missionsgesellschaften in ihrer Arbeit konkurrierten, ließ nach einer verstärkten Koordination fragen. Daraus entstand eine internationale Bewegung, die 1910 auf einer „Weltmissionskonferenz" in Edinburgh den eigentlichen Grundstein der Ökumenischen Bewegung legte: Vertreten waren hier vor allem Angehörige englischer und amerikanischer Missionsgesellschaften, die der festen Überzeugung waren, die Welt werde durch gemeinsame Anstrengungen schon bald christianisiert sein.

Zwischenkriegszeit

Der Erste Weltkrieg unterbrach die ökumenischen Aktivitäten nur kurzfristig. Bald darauf bildeten sich die drei Hauptzweige der Ökumenischen Bewegung aus: 1921 wurde in Lake Mohonk in den USA der „Internationale Missionsrat" gegründet, der in regelmäßigen Abständen Tagungen durchführte, an denen immer mehr Vertreter aus den Kirchen in den Missionsländern teilnahmen. Der Missionsoptimismus war nun schon erheblich gebrochen, und der Gedanke der Partnerschaft wurde wichtiger. 1925 trat in Stockholm auf Einladung des schwedischen Erzbischofs Nathan Söderblom (1866–1931) die erste Konferenz für „Praktisches Christentum" (Life and Work) zusammen, die sich sozialen und sozialethischen Fragen widmete. Diese waren nach dem Ersten Weltkrieg durch wirtschaftliche Krisen wieder besonders drängend geworden. Eine nicht unwesentliche Rolle spielte dabei der Kampf gegen den allgemein diagnostizierten Alkoholmissbrauch. Die deutschen Vertreter versuchten die Frage der Schuld am Ersten Weltkrieg und den Versailler Vertrag zum Thema zu machen und brüskierten damit vor allem die Repräsentanten der Reformierten Kirche von Frankreich. Sie teilten auch nicht die der ökumenischen Bewegung eigenen Hoffnungen auf den Völkerbund. 1927 tagte in Lausanne zum ersten Mal die Bewegung „Glaube und Kirchenverfassung" (Faith and Order). Sie hatte es ungleich schwerer, war sie doch mit theologischen Fragen im engeren Sinne befasst, über die sich zwischen den unterschiedlichen protestantischen Kirchen nur langsam Verständigungen erzielen ließen, wenn es etwa um das Verständnis der Sakramente oder der kirchlichen Ämter ging. Von Einigkeit konnte ohnehin keine Rede sein, da die Kirchen durch ihre historischen Prägungen zu verschieden waren.

Ökumenische Organisationen

„Glaube und Kirchenverfassung" und „Praktisches Christentum", die in den 30er-Jahren weitere Konferenzen abhielten, flossen 1948 bei der Gründung des Ökumenischen Rates der Kirchen in Amsterdam zusammen. Die Gründungsversammlung fand vor dem Hintergrund des einsetzenden Kalten Krieges statt, der auch verhinderte, dass sich die orthodoxen Kirchen des sowjetischen Imperiums beteiligten. Wieder war die Versöhnung zwischen den Völkern ein Thema. Deutlich zeigte sich der Gegensatz der politischen Blöcke aber auch bei der zweiten Vollversammlung, die 1954 in Evanston in den Vereinigten Staaten stattfand. Als Kirche über den Kirchen konnte und durfte sich der Ökumenische Rat nicht verstehen, zumal seine theologische Grundlage eher schwach war: Verbindlich war das Bekenntnis zu Jesus Christus. Der Reformierte Weltbund, dessen Wurzeln auf das Jahr 1875 zurückgingen, blieb bestehen, und die Lutheraner organisierten sich 1947 in Lund im „Lutherischen Weltbund". Die Abendmahlsgemeinschaft zwischen Lutheranern und Reformierten wurde in Europa erst 1973 durch die „Leuenberger Konkordie" möglich. Baptisten und andere „Freikirchen" wiederum hatten ihre eigenen transnationalen Strukturen.

Katholiken und Orthodoxe

1961 trat dem Ökumenischen Rat auf seiner Vollversammlung in New Delhi auch der Internationale Missionsrat bei. Zugleich schloss sich die Russisch-Orthodoxe Kirche mit einigen anderen orthodoxen Kirchen dem Ökumenischen Rat an. Nun wurde die theologische Basis auf die Trinitätslehre erweitert. Die katholische Kirche blieb auf Distanz, entsandte aber nach dem II. Vatikanischen Konzil Beobachter auf die Vollversammlungen, die regelmäßig, nämlich etwa alle sieben Jahre, stattfinden.

Ethik und Politik

Als der Ökumenische Rat 1968 im schwedischen Uppsala zu seiner vierten Vollversammlung zusammentrat, hatten sich die gesellschaftlichen Rahmenbedingungen grundsätzlich verändert. Die „Dritte Welt" war zu einem sozialethischen Thema in der Ökumenischen Bewegung geworden, die sich als Avantgarde einer besseren, friedlichen und gerechten Welt ansah. „Befreiung" war eines der Schlagworte, das es genauso auf katholischer Seite gab. Die als ungerecht erachteten Verhältnisse in der Welt waren dann auch ein wichtiges Thema auf der nächsten Vollversammlung, die 1975 in Nairobi stattfand. Ein anderes war der Ruf, vermehrt nach „sichtbarer Einheit" unter den Kirchen zu streben. Bei der Vollversammlung im kanadischen Vancouver wurde 1983 die politisch-sozialethische Thematik zusätzlich von der Konfrontation der Machtblöcke und der Umweltproblematik bestimmt: Gerechtigkeit, Friede und Bewahrung der Schöpfung waren wichtige Begriffe. Dabei blieb es im Wesentlichen auch bei den späteren Vollversammlungen. Der Einheit der Kirchen kam man kaum näher, zumal sich die orthodoxen Kirchen wenig dialogbereit zeigten. Dies wurde noch einmal deutlich, als man sich 1991 in Canberra zur nächsten Vollversammlung wiedertraf.

Kirchen und Europa

Auf europäischer Ebene hatten ökumenische Organisationen in den späten 40er- und in den 50er-Jahren vor allem die Aufgabe, Hilfsleistungen zu organisieren. In den späten 50er-Jahren wuchs dann der Wunsch nach kirchlicher Organisation, und nach einer 1959 im dänischen Nyborg abgehaltenen Konferenz bildete sich die „Konferenz Europäischer Kirchen" (KEK), die in den folgenden Jahren regelmäßig tagte. 2001 verabschiedete die KEK zusammen mit dem katholischen „Rat der Europäischen Bischofskonferenzen" die Charta Oecumenica, die nicht nur den Wunsch nach kirchlicher Einheit enthält, sondern auch die Rolle der Kirchen im europäischen Einigungsprozess thematisierte.

Kontrollfragen:

Kontrollfragen

1. Aus welchen Strömungen speiste sich die Ökumene?
2. Welchen politischen Themen wandte sich die Ökumene zu?

7. Arbeits- und Hilfsmittel zur Erschließung der Kirchengeschichte

Allgemeine Hinweise/Überblicke

Grundsätzlich bieten die gängigen wissenschaftlichen Lexika (also Religion in Geschichte und Gegenwart, Lexikon für Theologie und Kirche und Theologische Realenzyklopädie) mit ihren Personal- und Sachartikeln einen guten ersten Zugriff. Ältere Auflagen dieser Lexika können Personalartikel enthalten, die in neueren nicht mehr vorkommen. Allerdings sind die Informationen oft sehr knapp und gerade für Studienanfänger nicht gut aufbereitet.

Informationen, die dem Internet entstammen, sollten mit großer Vorsicht herangezogen werden. Hilfreich ist das Internet vor allem im Blick auf Abbildungen und Quellentexte. Hierfür ist ein gewisses Geschick im Recherchieren erforderlich, und zuvor sollten Informationen aus seriöser Literatur erhoben werden.

Zu empfehlen ist, sofern dies nicht im Rahmen eines Proseminars geschieht, sich in der Bibliothek mit den unten stehenden Büchern selbst etwas vertraut zu machen.

Für die Aufschlüsselung von Abkürzungen empfiehlt sich das von Siegfried Schwertner erstellte Abkürzungsverzeichnis zur Theologischen Realenzyklopädie (2. Auflage Berlin 1994).

Andresen, Carl/ Georg Denzler: Wörterbuch der Kirchengeschichte, München 1982
Erklärung von Fachbegriffen

Bautz, Traugott (Hg.): Biographisch-Bibliographisches Kirchenlexikon, Herzberg, später Nordhausen, 1975–2008
Die meisten Artikel sind auch im Internet verfügbar.

Haberkern, Eugen/Joseph-Friedrich Wallach: Hilfswörterbuch für Historiker, Tübingen, 7. Aufl. 1987
Erklärungen zu Fachausdrücken

Kirschbaum, Engelbert/Wolfgang Braunfels (Hgg.): Lexikon der Christlichen Ikonographie, Freiburg 1968–1976, verschiedene Nachdrucke, 8 Bände
Lexikon zur Darstellung von Heiligen und zu Themen der christlichen Kunst

Steimer, Bruno: Lexikon der Päpste und des Papsttums, Freiburg 2001
Zusammenstellung von Artikeln aus dem Lexikon für Theologie und Kirche

Geschichtsatlanten

Jedin, Hubert (Hg.): Atlas zur Kirchengeschichte, Freiburg, Aktualisierte Neuausgabe 1987

Putzger Historischer Weltatlas, Berlin, 103. Aufl. 2006
Auch ältere Auflagen sind geeignet

Quellen

Kirchen- und Theologiegeschichte in Quellen, Verlagsort: Neukirchen
Quellenauszüge in deutscher Übersetzung mit Einleitungen, ständig aktualisierte Auflagen:

Ritter, Adolf Martin: Alte Kirche

Ritter, Adolf Martin/Bernhard Lohse/Volker Leppin: Mittelalter

Leppin, Volker: Reformation

Greschat, Martin: Vom Konfessionalismus zur Moderne

Greschat, Martin/Hans-Walter Krumwiede: Das Zeitalter der Weltkriege und Revolutionen

Koschorke, Klaus: Außereuropäische Christentumsgeschichte

Einführungen/Hilfsmittel

Einführungen in die Methodik und den Gegenstand der Kirchengeschichte sind ohne Anleitung nur schwer durchzuarbeiten. Umso intensiver sollte das im Studienplan vorgesehene kirchengeschichtliche Proseminar oder eine vergleichbare Veranstaltung besucht werden.

Fitschen, Klaus: „Kirchengeschichte", in: Becker, Eve-Marie/Hiller, Doris (Hg.): Handbuch Evangelische Theologie, Tübingen/Basel 2006, 157–213
Zur Geschichte und Methodik des Faches

Kühneweg, Uwe: Kirchengeschichte, in: Meiser, Martin/Kühneweg, Uwe/Rudolf Leeb (Hgg.): Proseminar II: Neues Testament - Kirchengeschichte: ein Arbeitsbuch, Stuttgart 2000
Zu Themen und Methoden der Kirchengeschichte

Gesamtdarstellungen

Alberigo, Giuseppe (Hg.): Geschichte der Konzilien vom Nicaenum bis zum Vaticanum II, Düsseldorf 1993
Konziliengeschichte, auch im Sinne einer Geschichte normativer Lehrentscheidungen

Andresen, Carl (Hg.): Handbuch der Dogmen- und Theologiegeschichte, Göttingen 1980–1984
Dreibändiger Überblick, nicht immer einfach zu lesen, auch als Studienausgabe nachgedruckt

Frank, Karl Suso: Geschichte des christlichen Mönchtums, 5. Aufl., Darmstadt 1993
Kurzer, epochenübergreifender Überblick

Frieling, Reinhard/Erich Geldbach/Reinhard Thöle: Konfessionskunde. Orientierung im Zeichen der Ökumene, Stuttgart 1999
Historische und gegenwartsbezogene Informationen zu größeren und kleineren Kirchen

Frieling, Reinhard: Der Weg des ökumenischen Gedankens, Göttingen 1992

Überblick zur Idee der Ökumene und zur Geschichte der Ökumenischen Bewegung

Greschat, Martin (Hg.): Gestalten der Kirchengeschichte, Stuttgart, 2. Aufl. 1994
14 Bände, Biografien von sehr unterschiedlicher Qualität

Hage, Wolfgang: Das orientalische Christentum, Stuttgart 2007
Zur Geschichte der Christen im Nahen Osten

Hauschild, Wolf-Dieter: Lehrbuch der Kirchen- und Dogmengeschichte. 2 Bände, Gütersloh, 3. Aufl. 2007/2005
Sehr umfänglich mit gedrängter Faktenfülle, erfordert Vorkenntnisse

Die Kirche in ihrer Geschichte (KIG), Göttingen 1966ff
Einzelne Bände, zum Teil unten erwähnt, noch nicht ganz abgeschlossen

Kirchengeschichte in Einzeldarstellungen, Leipzig (früher Berlin) 1983ff.
Einzelne Bände, zum Teil unten erwähnt, noch nicht ganz abgeschlossen

Kaufmann, Thomas/Raymund Kottje/Bernd Möller/Hubert Wolf (Hgg.): Ökumenische Kirchengeschichte, Darmstadt 2006–2008
Drei Bände, Neukonzeption eines 1970–1974 in Mainz erschienenen Werkes, konfessionell-mehrspektivischer Ansatz

Mayeur, Jean-Marie/Brox, Norbert (Hg.): Die Geschichte des Christentums, Freiburg 1991–2004
14 Bände; mit Abbildungen versehene, international, aber auch frankofon orientierte Darstellung

Moeller, Bernd: Geschichte des Christentums in Grundzügen, Göttingen, 9. Aufl. 2008
sehr guter, nicht zu knapper Überblick

Sitzmann, Manfred/Christian Weber: Übersichten zur Kirchengeschichte, Göttingen 2. Aufl. 2008
Viele Tabellen, Schaubilder und Karten

Sommer, Wolfgang/Detlef Klahr: Kirchengeschichtliches Repetitorium: Zwanzig Grundkapitel der Kirchen-, Dogmen- und Theologiegeschichte, Göttingen, 4. Aufl. 2006

Stichwortartiger Überblick, mit CD-ROM und Fragenkatalog, von Studierenden sehr geschätzt

Zippelius, Reinhold: Staat und Kirche. Eine Geschichte von der Antike bis zur Gegenwart, München 1997
Kurzer Überblick, auch ohne juristische Vorkenntnisse gut lesbar

zu 2. Das Antike Christentum

Bienert, Wolfgang A.: Dogmengeschichte, Stuttgart 1997
Kurzer Überblick über die christliche Theologiegeschichte der Antike

Cancik, Hubert (Hg.): Der Neue Pauly. Enzyklopädie der Antike, Stuttgart 1996ff
Inzwischen bis auf Zusatzbände abgeschlossenes althistorisches Lexikon, darin auch religionsgeschichtliche Artikel

Döpp, Siegmar (Hg.): Lexikon der Antiken Christlichen Literatur, Freiburg, 3. Aufl. 2002
Lexikon der antiken christlichen Schriftsteller

Drobner, Hubertus: Lehrbuch der Patrologie, Frankfurt a. M., 2. Aufl. 2004
Vorstellung von christlichen Autoren mit Zusammenfassungen ihrer Hauptwerke

Engemann, Josef: Deutung und Bedeutung frühchristlicher Bildwerke, Darmstadt 1997
Einführung in die antike christliche Kunst

Frank, Karl Suso: Lehrbuch der Geschichte der Alten Kirche, Paderborn, 3. Aufl. 2002
Nicht immer gut lesbar, aber zum Nachschlagen geeignet

Lietzmann, Hans: Geschichte der Alten Kirche, 4 Bände, Berlin 1932–1944, auch Ausgabe in einem Band mit einem Vorwort von Christoph Markschies, Berlin 1999
Bis heute unübertroffene Gesamtdarstellung

zu 3. Das Mittelalter

Angenendt, Arnold: Das Frühmittelalter. Die abendländische Christenheit von 400 bis 900, Stuttgart, 3. Aufl. 2001
Sehr gut lesbare Darstellung

Beck, Hans-Georg: Geschichte der orthodoxen Kirche im Byzantinischen Reich (KIG D1), Göttingen 1980
Sollte ergänzend zu einer Geschichte des westlichen Mittelalters gelesen werden

Frank, Isnard Wilhelm: Kirchengeschichte des Mittelalters, Düsseldorf 2008
Kurzer, immer wieder aufgelegter Überblick

Leppin, Volker: Theologie im Mittelalter (KGE I/11), Leipzig 2007

Lexikon des Mittelalters, München 1980–1998
9 Bände, auch als Studienausgabe verfügbar

zu 4. Die Reformation und ihre Folgen

Beutel, Albrecht: Kirchengeschichte im Zeitalter der Aufklärung, Göttingen 2009
Guter Überblick

Beutel, Albrecht (Hg.): Luther-Handbuch, Tübingen 2005
Orientierungshilfe zur Biografie, Werken und Hauptthemen Luthers

Koch, Ernst: Das konfessionelle Zeitalter – Katholizismus, Luthertum, Calvinismus 1563–1675 (KGE II/8), Leipzig 2000
Überblick über die Formierungsphase der Konfessionen in europäischer Perspektive

Moeller, Bernd: Deutschland im Zeitalter der Reformation, Göttingen, 4. Aufl. 1999
Knappe, die Allgemeine Geschichte berücksichtigende Darstellung

Schwarz, Reinhard: Luther, Göttingen, 2. Aufl. 1998
Knappe, an theologischen Themen orientierte Darstellung

Seebaß, Gottfried: Spätmittelalter – Reformation – Konfessionalisierung, Stuttgart 2006
Profunde epochenübergreifende Darstellung

Wallmann, Johannes: Kirchengeschichte Deutschlands seit der Reformation, Tübingen, 6. Aufl. 2006
Knapper, gut lesbarer Überblick

Wallmann, Johannes: Der Pietismus, Göttingen 2004
Guter Überblick, vgl. auch Wallmanns Beitrag in KIG O1, Göttingen 1990

Wartenberg, Günter u. a. (Hg.): Martin Luther. Lateinisch-Deutsche Studienausgabe, Leipzig 2006/2009
Dreibändige Ausgabe der Hauptschriften Luthers

zu 5. Die Neuzeit

Friedrich, Norbert: Kirche im gesellschaftlichen Umbruch. Das 19. Jahrhundert, Göttingen 2006
Guter Überblick

Hürten, Heinz: Kurze Geschichte des deutschen Katholizismus 1800–1960, Mainz 1986
Wichtig für eine mehrkonfessionelle Perspektive

Nowak, Kurt: Geschichte des Christentums in Deutschland: Religion, Politik und Gesellschaft vom Ende der Aufklärung bis zur Mitte des 20. Jahrhunderts, München 1995
Sehr gut lesbarer Überblick

zu 6. Die Kirchliche Zeitgeschichte

Gatz, Erwin (Hg.): Kirche und Katholizismus seit 1945. Bd. 1: Mittel-, West- und Nordeuropa, Paderborn 1998
Auch weitere Bände zu anderen Ländern

Hürten, Heinz: Deutsche Katholiken 1918 bis 1945, Paderborn 1992
Gute, aber recht umfängliche Darstellung

Lepp, Claudia/Nowak, Kurt (Hg.): Evangelische Kirche im geteilten Deutschland (1945–1989/90), Göttingen 2001

Teilweise Ersatz für eine noch fehlende Geschichte des westdeutschen Protestantismus

Mau, Rudolf: Der Protestantismus im Osten Deutschlands 1945–1990 (KGE IV/3), Leipzig 2005
Bisher die einzige Gesamtdarstellung zu diesem Thema

Meier, Kurt: Kreuz und Hakenkreuz. Die evangelische Kirche im Dritten Reich, München, Neuausgabe 2001
Taschenbuch, vom Autor liegt auch eine dreibändige „Geschichte des Kirchenkampfes" vor